XINSHIDAI

JIATING JIAOYU

SHIJIAN YU YANJIU

新时代家庭教育实践与研究

湖北省教育厅关心下一代工作委员会　组编

孟庆金　周挥辉　主编

华中师范大学出版社

新出图证(鄂)字 10 号

图书在版编目(CIP)数据

新时代家庭教育实践与研究/湖北省教育厅关心下一代工作委员会组编;孟庆金,周挥辉主编.—武汉:华中师范大学出版社,2021.7

ISBN 978-7-5622-9473-3

Ⅰ.①新…　Ⅱ.①湖…　②孟…　③周…　Ⅲ.①家庭教育—研究　Ⅳ.①G78

中国版本图书馆 CIP 数据核字(2021)第 135128 号

新时代家庭教育实践与研究

湖北省教育厅关心下一代工作委员会　组编

孟庆金　周挥辉　主编

出版：华中师范大学出版社

社址：湖北省武汉市洪山区珞喻路 152 号　　邮编：430079

策划：基础教育分社　　电话：027-67863280

责任编辑：缪　玲　　责任校对：肖　阳　　封面设计：胡　灿

电话：027-67863426（发行部）　027-67861321（邮购）

传真：027-67863291

网址：http://press.ccnu.edu.cn　　电子邮箱：press@mail.ccnu.edu.cn

印刷：武汉市籍缘印刷厂　　督印：刘　敏

字数：235 千字

开本：710mm×1000mm　1/16　　印张：14.25

版次：2021 年 7 月第 1 版　　印次：2021 年 7 月第 1 次印刷

定价：65.00 元

欢迎上网查询、购书

《新时代家庭教育实践与研究》编委会

编者的话

根据教育部关工委《关于开展教育关工委参与家长学校建设情况调研的通知》（教关委函〔2019〕9号）文件精神，为进一步总结推进湖北省教育系统家庭教育工作，2020年10月湖北省教育厅关工委委托省教育厅关工委家庭教育中心开展了湖北省新时代家庭教育研究优秀论文征集及评选活动。

本次征文活动在全省共征集到12个地区（恩施、黄冈、黄石、潜江、江汉油田、神农架林区、十堰、随州、武汉、襄阳、孝感、宜昌）的论文总计1740篇，经湖北省教育厅关工委组织专家组经过三轮严格的评审：武汉市蔡甸区城南幼儿园刘奕老师的《将爱传出去，把幸福带回家——后疫情时期家庭教育刍议》等48篇征文获2020年新时代家庭教育研究优秀论文一等奖；黄冈市英山县实验小学胡正老师的《如何做一名合格的家长》等88篇征文获2020年新时代家庭教育研究优秀论文二等奖；老河口市一中许艳老师的《家庭教育要树立生涯规划理念》等163篇征文获2020年新时代家庭教育研究优秀论文三等奖；武汉市教育局关工委等14个单位获2020年优秀组织奖。

本次征文活动的圆满完成，要感谢华中师范大学的王洪强、田友谊老师及其团队的大力支持，感谢你们的专业和认真负责；同时要感谢广大作者的积极投稿，感谢你们的踊跃参与。

本书是本次新时代家庭教育研究优秀论文征集及评选活动中一等奖作品的结集。全书分为“家教心得”“教学案例”“教育管理”“理论研究”4个板块，从心得体会、案例讨论、管理方法、理论指导4个角度将学生家长和一线教师共同探讨的新时代家庭教育的发展模式呈现在读者面前，旨在努力使家庭成为国家发展、民族进步、社会和谐的重要基点，推动形成爱国爱家、相亲相爱、向上向善、共建共享的社会主义家庭文明新风尚。

编者

2021年7月

序　言

“家庭是社会的基本细胞，是人生的第一所学校。”“要给孩子讲好‘人生第一课’，帮助扣好人生第一粒扣子。”“千家万户都好，国家才能好，民族才能好。”“国家好，民族好，家庭才能好。”……党的十八大以来，习近平总书记多次强调要注重家庭、注重家教、注重家风建设。新时代，要培养能担当民族复兴大任的时代新人，就应该高度重视家庭教育，把总书记的讲话落实到家庭教育的方方面面。

然而目前，家庭教育还缺乏科学的教育引领，不少家长守着陈旧、落后甚至错误的教育观念，用着原始、单一的教育方式，重智育轻德育，重生理轻心理，重要求轻信任，重外显轻内省，重教而不会教的现象相当普遍。为提高家庭教育质量，提升监护人自身的素养，就必须改变陈旧的教育观念和不当的教育方式，让监护人像其他社会职业一样，经过必要的培训才能“上岗”。

作为家长，必须要明确：要想改变孩子，首先必须改变自己。没有天生会教育的家长，好家长都是学出来的。学做好家长，这是新时代每个家庭每个家长的首要任务。那么，怎样做才能成为新时代的一个好家长？我谈几点看法，供大家参考。

第一，改变传统的亲子沟通方式，学会与孩子聊天。传统家庭教育里的亲子沟通模式往往是父母即权威：“听我的，我走过的桥比你走过的路还多，我吃过的盐比你吃过的米还多。”“不听父母言，吃亏在眼前。”很多家长并不是不愿意与孩子沟通交流，而是习惯性且简单地认为孩子听我的就对了，一直试着“沟通”，实为说服，却又不自知。新时代的父母一定要注意，沟通是双向的，真正地试着去和孩子聊天，实现双向沟通，而不是单向的输出，变沟通为说服。有效的亲子沟通，是我们落实家庭教育的第一步，也是重中之重。

第二，改变生活习惯，学会高质量地陪伴孩子。在以互联网为依托的人工智能时代，孩子们越来越多地接触到网络是不可避免的，在这种现状下如何规避风险，引导孩子安全上网？如何能抵御侵害，避免网络成瘾？这些都是每个家庭必须面对的教育难题。这就需要家长学习相关理论和方法，提前掌握这方面的教育技巧，才能做到“防患于未然”。父母要做出榜样，改变依赖网络的生活习惯，同时注重生活教育，用高质量的陪伴缔造孩子的健康人格，陪孩子阅读、锻炼、旅行等，以丰富多彩的生活代替单调贫乏的网络生活。

第三，改变评价标准，学会从不同角度发现孩子的闪光点。家长们聚在一起聊天，谈得最多的一定是孩子们的学习成绩。家长关注孩子的成绩这无可厚非，但过分在意成绩，只会让家长和孩子身心俱疲，甚至让孩子产生厌学情绪。仅仅以成绩来评定孩子的育儿方式是不可取的，也是过时的。家长的责任之一便是善于发现孩子的闪光点和特长。给孩子以鼓励，教会孩子爱自己，这是孩子们健康、快乐成长的基石。

第四，改变育儿信息的获取方式，学会不盲从，选择优秀的内容与平台。这是一个信息量爆炸的时代，各种育儿信息充斥网络。不可否认，有些值得学习借鉴，但也存在一些虚假甚至错误的信息。有些平台为了吸引眼球，故意制造噱头，真假难辨，迷惑家长，这就需要学会甄别。不然，家庭教育就有可能走入误区。家长要首选正规出版社的优秀教育读物，比如华中师范大学出版社《家有儿女》系列就是很好的家庭教育读本。

总的来说，要做好家庭教育工作，我们最终的落脚点必定是打造新时代优秀家长群体。

湖北省教育厅关心下一代工作委员会早在2013年就开始组织了省内相关领域的专家、学者和一线教师依据《全国家庭教育指导纲要》的精神，结合省情编写了“新时代　新家风　新家长”家庭教育指导丛书《家有儿女》。随后，根据教育部关工委《关于开展教育关工委参与家长学校建设情况调研的通知》（教关委函〔2019〕9号）文件精神，为进一步总结推进湖北省教育系统家庭教育，2020年湖北省教育厅关工委委托省教育厅关工委家庭教育中心开展了湖北省新时代家庭教育研究优秀论文征集及评选活动。家庭教育指导教材的组织编写，体系全面，内容深刻；优秀论文征集活动，影响深远且得到广泛好评；湖北省教育厅关工委在家庭教育指导工作的落实方面积极迅速，富有成效，进一步推动湖北省家庭教育指导工作走向深入。

心有所信，方能远行。前有《家有儿女》教材对家长们进行分阶段、螺旋式的指导，后有教材使用后的心得交流活动的加持，在各方的共同努力下，我们定能实现打造出新时代优秀家长群体的目标，构建和谐、温馨、科学、合理的健康家庭环境，让每个孩子都拥有幸福的生活，成就美好的梦想。

杨贵仁

教育部关工委常务副主任

2021.7.20

目　录

家教心得篇

教学案例篇

教育管理篇

理论研究篇

家教心得篇

育　儿

——家庭教育永恒的话题

董　贝

育儿，是人类永恒的话题，也是很多人生活的主题，说起育儿便离不开家庭教育。

我们为什么要育儿？自古就有“养儿防老”的说法，在那些社会动荡、国家保障体系不健全、家庭财富积累不充足的时期，这句话被很多人奉为经典。而现如今，很多年老的父母已不需要孩子给予过多支持，国家的养老产业到我们这一代退休时，也将发展得更加成熟，所以“养儿防老”似乎已不太成立了。

也有人说，“孩子是家庭最大的资产，也可能是最大的负债”。这个说法很有些道理，孩子养得好，可以使整个家庭，甚至家族都兴旺起来；养得不好，万贯家财都不够其挥霍。但育儿不能单纯地从盈亏的角度来考虑，其实，孩子是上天赐给我们的宝贝，陪着孩子一同成长的点滴都将成为我们回忆中最深的烙印，我相信对孩子来说也是如此，那些共同珍藏的记忆难道不是人生莫大的财富吗？

孩子是家庭的未来，是民族的希望。孩子的教育应是国家、学校、家庭共同的责任，需要多方精诚协作。国家需要进行教育改革，以宏观把控孩子们的成长方向；学校需要优化教学的形式与内容，以提高孩子们的综合素质；家长需要平衡多方的关系，以做好孩子们的教育管理。国家、学校、家庭三方没有孰轻孰重，大家各司其职，又精诚协作，用更多的心血去浇灌，才能够使孩子们成长为国之栋梁。

在这里我仅谈谈家庭教育的问题，不敢说经验，只是些感悟，因为育儿这本书，总也读不完……

一、明道

（一）以爱为基

“爱之深，责之切”，是说当爱一个人到了很深的程度时，就会对他有很高的要求，当他出现错误的时候，就会加倍指责。育儿也是如此，但是我想说的是这句话的另一方面：爱之深，才能责之切。

我认为只有当你“爱之深”，且这种深沉的爱让孩子感受到的时候，你才有“责之切”的基础。这也就是为何有些父母常在外地，偶尔回家，看到孩子疏于管教，对孩子进行批评教育的时候，孩子常不接受的原因，因为你没有“爱之深”，或是你自己觉得“爱之深”了，但是孩子没有感觉到你的“爱之深”。没有“爱之深”作基础，当你“责之切”的时候，孩子怎么可能包容和接受你的“责之切”呢？所以，你对孩子的爱是你施行教育的基础。

（二）以德为先

每位家长都是望子成龙，望女成凤，但我认为教育最基本的也是最重要的，是要以德为先。善良、真诚是十分可贵的品质。那些贪赃枉法的高官，那些走私造假的商人，哪个不是才高八斗之辈？但是，他们的才没有用到对的地方，没有好的德行作基础，才越高，危害反而越大。所以，培养孩子好的德行是你施行教育的第一步。

（三）以身为范

“师者，所以传道受业解惑也。”教师教书育人、为人师表，要以行动做表率，做到言行一致。学生是教师最好的一面镜子。教师的一言一行、一举一动，全都映射在这镜子里。作为教师，自身的仪表、言谈举止和工作态度，都应成为学生学习的榜样，但能做到这些并不容易。在多年的教学工作中，我总是以身作则、严于律己，要求学生做到的自己首先做到。看似微不足道的一个举动，实则胜过千言万语，于无形中影响了学生，同时拉近了师生间的距离，树立了师表形象，也收到了润物细无声的教育效果。

说实话，作为家长，工作了一天，也想放松一下，看看“抖音”，看个电影什么的。但是孩子学习时却在旁边玩游戏或看电视剧，如何能够起到好的示范作用？为了孩子能在一个有氛围的环境下学习，如能尽量克制一下自己，改成写毛笔字、看书、学习，或是一边加班，一边陪孩子写作业。这样孩子在学习，我们家长也在不停地教育孩子要认真学习，灌输学习的重要性。以身为范，才是最好的教育。

（四）志趣相投

要尽量培养一个或几个与孩子共同的爱好，可以是打羽毛球、骑单车、练书法等等。这些共同的爱好，是你与孩子成为朋友的桥梁。与孩子成为朋友，你们有了除了谈学习之外的共同话题，孩子会更愿意向你吐露心声，你才能够知道他内心的想法。当他心里产生困惑的时候，才会第一时间向你诉说，你才可能及时地去引导和纠正。如果你发现与孩子并没有共同爱好，那就要尽快去找到它，去建立亲子间沟通的桥梁。

（五）因材施教

孩子大体可以分为两类：一类是听话守纪内向型的，一类是好动活泼外向型的。这都是孩子的天性，没有优劣之分。如果你的孩子是第二类也不要因需要多花心思而烦恼，因为第二类孩子的创造性可能会更强。听话守纪型的孩子需要激发孩子的创造性；好动活泼型的孩子要在让他养成自制的习惯的同时，还要让他明白遵守纪律和团队协作的重要性。这两种孩子的教育模式与侧重要有所区别，要结合孩子自身的特点，因材施教。

二、言术

（一）规划与计划

孩子在没有上大学之前，大多数还没有形成自己的学习习惯和学习模式。如何平衡课内学习与课外学习的关系，如何平衡语、数、外等课程与体育、音乐等课程的关系，如何平衡学校学习、辅导班学习与家庭学习的教学安排？这是一个学习规划的问题，这个学习规划的问题，辅导班解决不了，仅依靠学校也解决不了，孩子自己更没有能力解决，只有家长与学校结合才可能解决。有一个好的学习规划，平时的学习计划才有了依托，学习的成效才有了可以量化的衡量标准，学习的效率和效果才有保障。

（二）约束与激励

有了好的学习规划、学习计划，如何能够保证孩子按计划去执行，这就是约束与激励机制如何去建立和维护的问题。谈约束与激励可能有点抽象，其实就是如何“奖”与如何“罚”的问题。孩子对奖罚的感受与成年人不同，他们更关注短期的奖罚，所以奖罚措施的设计越及时，效果就越好。以前我们也试过按一学期考到什么分数，给什么奖励的方式，但是发现这种方式对平时的行为激励效用不大。后来又改成每天记分制，按时完成作业、课外练习则得分；扣分的内容更为丰富，除学习之外，还包含了文明、礼貌、卫生等内容。但是又发现管理成本太高，家长每天要花很多时间在统计得分上，而不是把精力花在辅导孩子学习上，所以按天记分也不好执行。现在我们正在按周制定计划，以衡量成效。所以，学习的安排要根据实际的执行现状去动态调整。

每个孩子的情况存在差异，因此奖罚的内容、方式、周期等内容的设置也要有所不同，但是这种奖与罚的机制一定要有。要将精神奖励与物质奖励相结合。物质奖励内容也要丰富，不能只是奖励物质的东西，还可以将听故事、玩游戏与看电视的时间等非金钱奖励考虑在内。

总而言之，就是要用孩子想做的事，去引导孩子完成不想做，但又应该做的事。最后还要把这些奖罚措施形成文字打印出来，家长与孩子双方签字确认。我们家一直是这样执行的，这样有利于培养孩子的契约精神，也可以避免双方日后扯皮。

（三）悟性的培养

平时要注意培养孩子的悟性。什么是悟性？我认为悟性就是向万物学习的能力。“人法地，地法天，天法道，道法自然。”培养出了悟性，不仅能向老师、书本、他人学习，还能向山川河流、世间万物学习。作为家长要在孩子还没有培养出悟性的时候，随时抓住一切的见闻教育孩子。

举个例子：

有一天，儿子看到道路两旁刚栽种的树木都被人用四个木棒支撑着，便问我为什么要这样。我就反问儿子：“你认为树木喜欢被人用四个木棒支着吗？”儿子很快地回答道：“那肯定不喜欢了，那多不舒服。”我又问：“那是人们无聊，为了让树不舒服才这样做的吗？”儿子想了想说：“那不会吧。”

儿子又思考了一会儿，我才告诉儿子这其中的道理。

树不想被木棒支着，但是如果不支着，树就长不直，长不高，还很有可能倒伏，如果歪到了道路上就会影响行人和交通，到那时，人们尽管不舍得，但是为了人们的交通安全，还是会不得不把这棵树给砍掉，为了避免这种不好的结果产生，人们在树还是很小的时候就用四个木棒把它支撑起来，尽管小树会不舒服，但是却可以保证它能够长成一棵参天大树，成为对人们、对社会有用的栋梁之材。这就像父母和老师对你有种种的严格要求一样：上课要专心听讲，课后要认真完成作业，还要讲文明、懂礼貌等等，这些要求就像是那四个木棒，尽管会使现在的你不舒服、不适应，甚至还反感，但是为了将来你不长歪，最终成为一个对家庭、对国家、对社会都有用的人才，这些目前看似苛刻的要求，其实都是必不可少的要素。

儿子听完之后，陷入了沉思……

我想当他想通了这个道理，他对家长和老师管教的抵触情绪，可能会减少很多。

关于育儿这个复杂的课题，每位家长都有不同的答案，没有最优解，适合自己孩子的方式才是最好的。育儿的过程不像喝蜜一样香甜，倒更像是一杯浓茶，苦涩中带着香醇；又像是一杯烈酒，辛辣中蕴有绵长。育儿离不开每位家长终其一生呕心沥血地付出，是每位家长终生的事业，也是家庭教育中永恒的话题。

（作者工作单位：武汉市武昌区武汉大学第一附属小学）

最美不过陪伴

王春雷

孩子的人生长跑，他人不可替代，即使是父母也只能做个啦啦队。陪伴孩子成长的过程，其实也是一个逐渐放手、看着孩子远行的过程。这个过程中，我们父母是孩子的补给站，是孩子的指路牌。

与过去相比，孩子们的起点高了不只一点点，但社会的进步日新月异，自然对社会人的要求也水涨船高。家庭，就像一块土地，需要来自父母的滋养、灌溉，才能真正成为孩子人生长跑的补给站、指路牌。怎样的陪伴，才能让我们的补给站、指路牌名副其实，才能让家的土壤营养肥沃？

一、有尊严的陪伴

每个人，在生存基础之上，应该最注重尊严，尊严与社会地位和阶层无关。对于自己的孩子，我们当然希望他独立生活时有尊严，懂自尊。

我们一定要清楚，孩子与社会、与世界的相处模式，特别是人生重要关头的相处模式，往往无意间复制了平常和父母家人的相处模式。所以，我们看孩子，他就是一个独立的个体，一个任何时候都值得被尊重的个体，并不是谁的附属品、发泄物或取乐品。尽管孩子们比我们小，认知经验比我们少，但从尊重的角度出发，我们应该以感恩之心、平等之心、诚恳之心对待他们，给他们足够的尊严。正是由于孩子们的降临，让我们的人生角色发生了改变，由孩子变成了父母，也从此懂得了自己父母的辛苦，体味到父母对自己养育的不易。也正是由于孩子们的到来，才给了我们机会，让我们有了一段愉快而美妙的陪伴旅程。所以，我们应当给予孩子们感谢和尊重，让他们从小就浸润在一个彼此尊重、平等的环境里，让孩子们把对他人的礼貌、尊重、不卑不亢以及独立自尊，深深地刻进骨子里。

这一点，给了我们极大的挑战——给孩子尊严，面对他们的问题，还管不管教？如何管教孩子？管，该管的当然要管！父母家人此时更要管好自己的情绪和嘴巴，与孩子建立平等的关系，把孩子们当成共事的伙伴、同行的朋友，理性引导他们思考、分析发生错误的原因，以及如何承担过错。应杜绝一切责难辱骂、训斥棒打，还有那些让孩子极为反感的说教——那些空洞的、高高在上的、近乎完美的理论说教。这样的过程，孩子感受到的不仅仅是爱和尊重，还有直面错误的勇气、担当和智慧，甚至更多。

二、有温度的陪伴

个人觉得，家庭里最不应该缺的就是用行动表达爱，不仅仅只是吃喝拉撒的养育，还要有充盈孩子内心和精神的陪伴之爱，我把它称为有温度的陪伴。

首先，我们要尽量做到一个转变，将用物质来满足孩子转变为花时间和精力来陪伴孩子。如今，生存不易，生活不易，但是，简单地用物质来满足孩子，的确是我们很多人最惯用的办法。所以，很多人把孩子交给了玩具，交给了电子产品，交给了各种培训班，却忘了孩子首先要成人而后才成才。成人，就要在与人相处的过程中磨炼和积累经验。除却少而又少的同龄玩伴，父母家人的陪伴，才是最能让他们感受到爱，感受到心灵满足的方式。

有限的时间，高压的生活，如何做到陪伴？妈妈尝试做闺女的闺蜜，爸爸努力做儿子的铁杆，而且争取在童年时期成为孩子最亲密的、最不可替代的伙伴。既然是志同道合甚至臭味相投的伙伴，当然要改变本就被社会所诟病的生活方式，每天都留出一定的时间，与他们玩一玩、乐一乐，躲个猫猫、散个步、谈天说地、读会儿书……偶尔实在是无法参与，也可以忙自己的事的时候抽几分钟认真看一看他们的作品并夸张地点个赞，让孩子感受到父母的陪伴，体味到父母陪伴的温暖。不在孩子身边或与孩子时间不同步时，留言条、语音或视频用起来，用心给他们家的归属感、自我存在感。孩子满怀爱意，不论遇到什么问题，一定会向我们坦诚倾诉、求助，当然，更多的是分享快乐！那些成长中的问题，不会因缺乏沟通而演变加剧，甚至引发更多的并发症和后遗症。这样的孩子，将来走上社会，不会讨人厌，不会走极端，不会给社会增加负担！

三、有影响力的陪伴

中国有句老话："龙生龙，凤生凤，老鼠生儿会打洞。"这句话多么形象地阐述了父母对孩子的影响啊。如果我们是绅士，是淑女，富有公德心，孩子也会以此为榜样。即使生活中充满挫折，我们也要拥有一颗赤子之心，拥有原则和底线。我们从生活细节到人生道理上，都应该坚持对的，拒绝错的，这样孩子将建立健康且稳固的三观，且足以帮他们在每个关口作出正确的判断和选择。附带的福利是，我们在孩子心中的形象自然高大，亲子关系自然拉近。

身正示范，言传身教，做孩子的榜样，给他们传递更多的正能量，这样的影响力该多么重要啊！

四、有担当的陪伴

在孩子面前，坦诚我们的不完美，并愿意为之改变，让孩子见证我们的改变，也是一种有担当的陪伴！

不论我们是否掩饰，每日的朝夕相处，我们的不完美早就暴露无遗。这并不是坏事，因为敬佩，可以让孩子靠拢我们；有些非原则性的不完美也可以让孩子亲近我们。特别是当我们像一个成长中的孩子那样，愿意改变自己的不完美，愿意承担自己的过错，与孩子间彼此的信任和亲近只会有增无减。下一次，面对孩子自己的问题和错误时，孩子们许多的抵触和畏难情绪自然而然就不存在了。

五、有智慧的陪伴

前边提到的"尊严""温度""担当"，都要求我们为人父母的学会与孩子做同龄人。这些要的不只是一种形式。真正的理解是，我们是非常认真地扮演一个同龄朋友的角色，非常诚恳地在言行上表现出来。比如，各种无伤大雅的闲话，只要他们愿意讲，我们永远要好奇、认真地听。好笑的，和他们一起笑；发牢骚的，帮他们埋怨几句。试着真心去理解，我们真的会对他们的世界充满兴趣。我们与孩子之间，有一扇门，始终敞开着——那就是理解。因为这样的理解，我们和他们，无话不说，有一天，他喜欢上谁，也会请你当参谋。

同时，我们内心还要跟明镜似的，给自己的定位要高、要全面，不能只做陪他们嘻嘻哈哈的伙伴，过于严厉和过分民主，是两个不同的极端，都不可取。为人父母的另一个责任是——教育。成为朋友，是情感的需要，是教育的基础。或者说，我们是先努力成为朋友，在此基础上才能找一切可能的机会，做他们的人生导师。

举些例子吧。希望孩子热爱阅读，可以兴趣盎然地听他们读、讲，再幼稚也不打断他们；希望孩子坚持练琴，可以告诉他们因为他们的琴声，妈妈的饭菜有特别的味道；希望他们学会规划，可以教他们看时钟计时，可以让他们安排自己的学习任务；希望他们善思勤问，可以“装傻”，说我们一起思考，看看谁的想法更有道理，可以问他今天在学校向老师请教什么了……

总而言之，以上几点是我们对孩子的期望，我们应该从这些期望出发，找寻适合的陪伴方式，最终让他们成为有尊严、有爱心、有担当、有智慧的孩子。

最后，让我们用发展的眼光期待孩子，从不离不弃的陪伴到足够的信任和逐渐的放手，让孩子向着高远的蓝天自由生长！

（作者工作单位：武汉市常青第一学校）

成长孩子　成长你我

陈燕敏

我们家的虫虫，是一个刚满七岁的小男孩。他身上有着男孩子们最明显的特点：精力旺盛、活泼好动、好奇心强、喜欢冒险、讲义气……就是这样一个只要空闲下来就不停折腾的小男孩，也有着同龄人少有的乖巧、懂事。细细想来，原因大概来源于，我和孩子爸爸与孩子的相处方式。

给予孩子选择的权利

一岁多的时候，我和孩子的爸爸就有意识地培养他做事要有自己的主见。小到生日蛋糕选什么口味、造型，衣服、裤子、鞋子要买什么颜色和款式；大到学什么兴趣班，周末选择去哪里玩……只要孩子是在思考、比较后做出的选择，我们基本上都会尊重他的意见。时间长了，我发现孩子身上最大的优点，就是他很爱思考。在和比他大的孩子相处时，他总能有自己的观点，而不是人云亦云。生活中，只要他听到或者看到不理解的词语，他也一定要弄个明明白白才肯罢休。听完《乌鸦喝水》的故事，当我们都在称赞乌鸦遇到困难爱动脑筋时，虫虫却提出了令我们很意外的观点：妈妈，我觉得这只乌鸦身上有一个不好的地方——它不讲卫生。他找到了水就喝，也不管干不干净，这样很容易生病。虽然孩子的注意力偏离了故事本身所要体现的价值取向，但我仍旧很欣慰，因为对于自己所听到的故事，他能够有自己独到的见解。积极思考，比什么都可贵。

给予孩子用心的陪伴

只要我和孩子的爸爸有时间，总会尽可能地用来陪伴他。我们坚信：用心陪伴的温暖，一定会给孩子的心灵注入阳光；只要做个有心人，每日生活皆教育。孩子对所见到的事物感到好奇，于是，我们就陪他去体验——带着他救起掉落在水田中的蝴蝶；和他一起观察他害怕的小土蛤螟；陪着他把小草变成了小水沟里的小船；和他一起踩水坑、玩沙子、打雪仗……因为有了频繁的沟通和互动，所以他的语言表达能力发展得还不错，兴趣爱好也变得广泛起来。更加难能可贵的是，瘦小的他，却也有着一颗强大、勇敢的内心——哪怕前一秒和我黏糊得难舍难分，后一秒当我提出要去工作时，他也能乖乖地默许；一岁半之后每次打预防针，他都可以忍住不哭鼻子；进入幼儿园开始新的生活，他从来没有大哭大闹；五岁时和他提出分床睡的第一个夜晚，他虽然害怕，却也能抱着毛绒玩具，独自睡到天亮，并且至此之后，每天勇敢地坚持独自入睡。在容易争风吃醋的年纪，他对妹妹的出生，不仅没有半点嫉妒之心，还让我们平常多照顾妹妹。我想，如果内心没有足够的安全感，他是很难做到独立和宽容大度的。

给予孩子诚信的榜样

孔子曾经说过："言必信，行必果。"讲诚信的人，在我和孩子的爸爸看来，是值得信赖和敬重的。在孩子面前，我们很注重诚信的建立，并且总会要求他，说话要算数。关于这一点，我们之间还发生过一个小故事。

记得有一次晚餐时，虫虫告诉我们：班上的一个小男孩告诉他，很想用荧光笔给自己的画涂色，但是那个男孩的爸爸妈妈都不愿意给他买。虫虫听到后，很热情地告诉小男孩，可以让我们买来荧光笔，然后借给这个小男孩使用。当虫虫告诉我们这件事的来由，并满心欢喜地计划吃完饭，我们就去购买荧光笔的时候，我和他爸爸并没有同意。在我们耐心地告诉他，叔叔、阿姨不给他的同学买荧光笔，一定有他们的理由。这样随意地承诺同学，是不太合适的。最后，虫虫知道了利害关系，但是他却一直为难地说："可是我已经答应了我的同学，而且我告诉他一定不会骗他，我不想让他失望。"考虑再三，最终，我们达成了一致的意见：既然在同学面前许下了承诺，荧光笔我们还是会买的。但是以后在承诺别人一件事之前，一定要好好想想这件事对不对，自己能不能做得到。于是，那个晚上，我和孩子爸爸有意带着他步行，来回走了一个多小时的路程，才买来了荧光笔。我们希望用实际行动告诉他：许下承诺要慎重考虑，兑现承诺要竭力而为。

因为孩子能够信守承诺，所以在面对诱惑和困难的时候，他从不会用哭闹来解决问题。面对棘手的事情，只要我们好好和他商量，他就会凭借自己的意志，努力做到。至于撒泼耍赖的一面，在他身上几乎找不到。

虫虫的优点很明显，但是身上的缺点也很突出。比如：他的玩性很大，和同伴玩闹起来很难自控；他做事有点拖拉，常常因为没有时间观念，让我变得急躁和生气。我时常在幻想，奢望他能拥有我认为的所有好习惯，但我更清楚，与其虚幻地希望他完美无缺，倒不如和他一起成长。

没有孩子是完美无缺的，也没有人天生就会当父母，而教育孩子的方法，也从来都没有捷径。所以，科学、智慧地教育好自己的孩子，争做新时代的好父母这条路，任重而道远。踏上这条路，我们无时不面临着挑战，但是我们又是何等幸运！因为我们拥有在新时代来到我们身边的孩子，我们拥有着许多可以借鉴的先进育儿经验。只要我们愿意尝试和探索，就可以在理论和实践中，摸索到属于自己的育儿方法，这又是多么幸福的一件事情！

做好新时代的好父母，我们在路上。我深知：探索的过程会有迷茫，实践的过程会有艰辛，但是，坚持下去，这件事一定有意义。面对孩子身上随时都可能出现的教育契机，我们需要做的，是带着我们对孩子的尊重，用心去聆听，用心去感受，用心去理解，然后，去除内心的攀比之心和焦虑，陪伴孩子一起向上、向善地成长。用心做好新时代的好父母——成长孩子、成长你我！

（作者工作单位：黄梅县苦竹乡七里小学）

家庭教育需要慢教育

詹　励　吴友芳

当我们品读作家张文亮的作品《牵一只蜗牛去散步》时，不禁会感叹，孩子的成长是一个缓慢的过程。然而当我们面对孩子时，难得有家长有这种牵蜗牛散步的心境，更多的是一种急切、一种揠苗助长的心态。20年的教育生涯，让我接触到了不同的家长。我更想说，在快节奏的社会中，家庭教育需要慢教育。这种慢是家长的教育思想、教育方式需要慢下来，要有一种静待花开的心态。

一、习惯养成，步子放慢

每年幼儿园开学时，都会有不同的家长说："我家的孩子很聪明，已经会背很多古诗啦。""我们家的孩子会认识很多的汉字。"当这些家长的话一出口，老师们心里就明白了，又是一个急功近利的家长。当老师悉心开导这些家长，幼儿园是以培养孩子的习惯为主，同时教会孩子们一些基本的生活本领时，这些家长是听不进去的，他们就认为他们的孩子是天才，老师根本不知道他们的孩子有多聪明。你跟他们说习惯对他们来说太不值一提了。当这些孩子进入小学，不好的书写习惯、卫生习惯等就表现出来了。家长又着急：这个孩子怎么啦，越大越傻啦！究其原因在于，家长很少去反思自己的行为是否对孩子是一种伤害，在孩子最该养成好习惯的年龄段却急于求成，让他去学习文化知识。学习文化知识的路还长着，孩子可以慢慢学，但是坏习惯养成了，想改却是很难的。孩子在十岁之前培养好习惯是弥足珍贵的，错过了得不偿失。家庭教育中，家长们如果认识到了这一点，不急于求成地让孩子去学很多的文化知识，而是先让孩子慢慢养成良好的习惯，那将是送给孩子童年最好的礼物。

二、兴趣培养，调子放慢

“望子成龙，望女成凤”是大部分中国父母的心愿，随着经济条件的改善，不少家长很舍得为孩子“投资”。周末、假期，让孩子参加各种各样的兴趣班，只要为了孩子好，家长不惜倾其所有，心甘情愿为孩子吃苦，想要把最好的教育留给孩子。我孩子的同龄球友，他妈妈给他报了很多兴趣班。孩子周末两天只有三个小时的自由时间，整个周末被兴趣班的课程占满。书法、美术、钢琴、乒乓球、英语等等。到了六年级，我家的孩子对我说：“妈妈，你看×××一点也不快乐。”我问：“你怎么知道的?”他说：“你看他打球时，他从来不和我们玩，我们在聊天，他就在旁边站着。球打赢了，他妈就不说话；球打输了，他妈就站在旁边骂。所以我觉得他一点儿也不快乐。”是的，在兴趣班里我们常会碰到这两类家长：①只要孩子时间允许，将所有课余时间全部排满兴趣班；②在兴趣班上课，家长全程陪伴，生怕孩子错过了老师教过的任何一个知识点，时时争第一。这两类家长的做法势必给孩子带来压力，一来没有自由玩耍的时间，二来精神时刻处在绷紧的状态，没有喘气的时候。这种兴趣班何来兴趣可言？要想培养孩子的兴趣爱好，家长首先要把调子放慢，最好从孩子的实际出发，选择一两门适合孩子的课程。让孩子学中玩，玩中学，身心得到愉悦足矣。这样培养出来的孩子才阳光、自信。家长的急功近利会让孩子失去追求兴趣的本心，得不偿失。

三、亲子陪伴，心态放慢

疫情期间，有一位小学家长咨询我，如何让孩子注意力很集中地去做作业。孩子的平时表现是做作业时做做玩玩，必须家长在身旁督促，家长一旦离开孩子就玩去了。我说你让孩子该玩的时间玩，该学的时间学，最好制定一个时间计划表，让孩子按照时间表安排好自己的学习。家长说时间表他都给安排好了，说完他还发给了我。我一看，惊呆啦！孩子每天6:30起床读书，半个小时吃饭。上午8:00—12:00是做作业，下午2:00—6:00还是做作业，晚上7:30—9:00看书或者户外活动。我问他，孩子每天的作业有多少？他说一两页。我问，做这一两页作业需要多长时间？他说半个小时左右。我说既然半个小时就能完成的作业，你每天给他安排八个小时去做，他不磨洋工才怪，你给安排的时间太多了。孩子做完作业，坐在那里，因为时间没有到，还要装模作样地做，自然就边做边玩，这个时间表的安排不科学，大部分时间安排是在让孩子做无效的等待。孩子自然做事效率不高，容易开小差。家长说，我是想让他不耽误学习嘛！这个例子很典型，就是家长的心态很急切，巴不得孩子在家时时刻刻学习。生活中拥有这种心态的家长也不在少数。他们看中的是学习时长，只要孩子坐在那里学习就放心，而忽略了学习的效率。家长在陪伴孩子的过程中，应该放慢自己的心态，科学合理地给孩子安排作息时间。我也遇到过一个成功的家长，他的孩子考取了武大，各方面都比较优秀。孩子的家长跟我聊天，我记忆很深刻。他说他给他们家孩子唯一的陪伴就是玩与吃。周末带孩子到处玩，在家里用心做可口的饭菜给孩子吃。这样孩子玩得开心，吃得开心，学习自然开心。如果家长都能够抱有这种心态，那么亲子关系何愁不好，孩子的学习习惯又何愁不好？

针对生活中的种种现象，我觉得在教育孩子的过程中，家庭教育最需要的是慢教育。家长把心态放慢，慢慢地陪伴孩子的成长，看着孩子一天天地长大，与孩子一起分享成长过程中的酸甜苦辣。这才是最重要的。

（作者工作单位：黄梅县第五中学；黄梅县独山镇中心幼儿园）

踏着成长的足迹　追寻教育的契机

马玉萍

身为教育工作者，却很少关注、钻研如何教育自己的孩子。谈不上什么家教之道，仅仅随意写下一点自己的感触罢了。和孩子相处过程中的点点滴滴，我发现教育孩子并不需要轰轰烈烈的举措，在平常的小事中，抓住教育的有效时间，发掘孩子的特性，利用契机，因势利导，适时教育，看似无“教”中达到教育之效。

都说“爱是教育的基石”，我认为：爱可以是阳光、雨露，教育却不尽是阳光、雨露，有时会是暴风雨，仅仅沐浴阳光、雨露而缺少暴风雨洗礼的孩子，可能会变成温室里的花朵，难以茁壮地成长。给孩子播撒阳光，让孩子迎接风雨，我们爱心盈袖，一起托起明天的太阳！父母是孩子的第一任启蒙老师，而良好的启蒙教育让孩子终身受益。启蒙教育中要踏着孩子成长的足迹，追寻教育的契机；启蒙教育要注意礼仪教育、兴趣教育、赏识教育、挫折教育。

和风细雨，礼仪教育让孩子富有爱心

孩子小时候，我教她背唐诗。我一边教背唐诗，一边让她给我捶捶背，抓抓痒。我下班回家，叫她给我递递凳子。要是家里来了客人，让她招待客人，向客人问好，给客人让座。或许小时候，孩子只觉得好玩、好奇而已呢！其实在这些不经意的小事中，无形地培养了孩子，使她懂礼貌、知回报、有爱心。如果只是把全部的爱都倾注给孩子，而没有培养孩子爱别人的话，慢慢地，就会变得自私、冷漠，只知索取，不懂付出。例如：三八妇女节到了，我会让孩子给我唱首歌、画幅画或讲个故事，告诉孩子这是她送给我的最好的礼物。家人过生日的时候，叮嘱孩子打个电话，送上一句甜甜的问候。教师节到了，我会让孩子自己用硬卡纸做成贺卡，写上祝福的话语送给老师。这些日常小事，如果适时做到点滴地引导，久而久之就能让孩子形成良好的习惯，让孩子懂得关爱他人，不知不觉间爱心的种子便会在她心中萌芽。

润物无声，兴趣教育让孩子做事专心

记得孩子刚上幼儿园的时候，喜欢画画和剪纸，回家之后不和其他小朋友玩，老师布置的作业写数字也不写，整天就是胡乱地画呀，随意地剪呀。无论叫她做什么她都会“充耳不闻”，一般家长可能认为这是孩子不听话的表现，可能会对孩子进行责罚。我却认为这是孩子做事专注的表现，只要是她乐意做的事情，我们一般不去干预她，让她专心去做。孩子在某一兴趣点上花的时间越长，越能培养孩子专心的毅力。上幼儿园时，她学习的兴趣高，时不时自己看书，写字也挺像样的，肯动脑筋，喜欢问问题，有时自己出题自己做，学会了猜谜语，喜欢把老师讲给她的故事讲给我们听，唱歌、跳舞宛如一个小老师，每天晚上专心地教我们这两个大“学生”。可是过了一段时间，我发现她不愿做作业，老师也反映她写字非常慢。我严格要求她做，她也是心不在焉，应付了事。后来我留意观察了一下，发现她不愿意写的字往往非常复杂，笔画比较多，这些字远远超过她的学习能力，所以也就没有兴趣。于是我跟老师沟通，让她写一些简单字，只要求她养成按时完成作业的习惯，当日事当日毕就行。后来孩子的学习兴趣又起来了，字也写得好，又完成得快，还不容易忘记。督促只是培养学习能力一种方式，兴趣才是学习最好的老师，孩子做她喜欢做的一件事胜过我们鞭策她做十件事。

播撒阳光，赏识教育让孩子拥有信心

“道人之长，愈道愈长；指人所短，愈指愈短”，她每次写完字后，我都会表扬她字写得不错，横直竖垂很到位，没有涂改。之后有一两个月的时间，天天晚上我让她画直线。坚持了一段时间后，孩子问我：“妈妈，你怎么天天让我画直线呢？”我跟她解释说，汉字都是由笔画构成的，把直线画好对写字有很大的帮助。我还给她讲达·芬奇从画鸡蛋开始最终成为大画家的一些故事，激励她从小事做起，好好写字，也起到了很好的效果。所有的孩子都是在赏识中成长的，要多发现孩子的闪光点。心理学界有个经典的故事叫作“罗森塔尔效应”。罗森塔尔效应证实了赏识教育的巨大潜力。现在孩子上小学了，由于不在我们身边，学习上的辅导很多时候是她姨妈去做了。但每次孩子放假我们都要接她回来，认真检查她在学校做的作业，询问她在学校的表现。每每在她表现好的方面，我都要大加赞扬，夸她懂事、爱老师、听老师的话、作业做得很认真、经常得百分、班干部工作做得挺棒等等，这样之后我发现她更自信了，说话也挺逗的，做事还蛮积极。

迎接风雨，挫折教育让孩子具有耐心

告诉孩子你很不错，让他们每天生活在阳光下、自信中。但是过多的表扬容易让孩子过度自负，以为只要有一点的进步，大家就会众星捧月地对待她。适当的挫折教育会使孩子学会坚强、学会做事有耐心。我们家孩子从小体弱多病，身体不够结实，玩耍时，总怕有些孩子欺负她，时不时跟在小朋友的后面“护航”。结果一有矛盾她总会搬出我这个大救星，拉着我的手，希望我去帮她处理。刚开始我还帮她解了不少的围，后来我发现这样的“帮忙”越来越多了。我很茫然：为什么别的孩子没有大人在旁边，孩子们倒相处得很好，我这么“负责”的妈妈在身边，孩子间的矛盾倒很多了。经过反思我发现：孩子一直是姥姥带她，姥姥比较娇惯她，孩子因而十分任性，有一种以自我为中心的思想。别人一旦没有顺着她就爱生气，一不小心碰了她就爱哭，表现得很脆弱，不会自主处理一些小朋友之间的矛盾。事后我马上意识到我这个“护航”妈妈错误的严重性，决心一改过去的做法：让她自己去和小朋友玩，我不参与；遇到磕磕碰碰的事假装不知道；遇到一些有挑战性的事鼓励她试一试……这个方法还真行，在这些小挫折中，渐渐地孩子做事有了些耐心，没我这个妈妈在身边她也“过”得挺好。

总之，一个家庭里最大的投资是教育的投资，教育投资的最好的方式是陪伴。陪孩子做作业，可以发现孩子学习中存在的问题，帮他们解决难题，培养孩子克服困难的信心；陪孩子做游戏、玩耍，可以了解孩子的好恶，帮他们找到兴趣的生长点，培养孩子积极乐观的个性。家长行动，孩子“心”动。家长做个有心人，和孩子心心相印，孩子的成长只需要我们静待花开。

（作者工作单位：麻城市实验高中）

父亲的漂流喃语

高永红

开篇伊始，首先还是得感谢老师的用心良苦，让我们能够有机会通过漂流日记这种形式进行交流，从而打开了学校与家庭、老师与家长、孩子与孩子之间沟通的另一扇窗户。这种文字形式的交流将会让大家把各自的育儿经或者感悟表达得更清楚、充分，而且大家看完之后也将记忆更深刻，我个人非常赞同这种交流方式。

今天下午回家，儿子程林烽一看到我就非常兴奋地告诉我："爸爸，你也有作业了，今天我们一起做作业啊。"我一脸懵，等他完全表述清楚，我才明白原来是要写漂流日记，看着他开心、兴奋的样子，我忽然感到惭愧，我不知道他的开心是来源于老师布置家长作业这种方式的新奇，还是因为能与我一起做作业得到大人的陪伴，如果是后者，那我确实要检讨了，说明自己给孩子的陪伴太少。

作为父爱如山这句话的被影响者，或因为大男子主义性格所导致，我个人对小孩的教育一直很粗放，主要关注的是孩子的性格、人生观、世界观成长方面，把握一些大的原则，细致一些的教育，比如礼貌、卫生等方面都是他妈妈去教导。一直以来，我对孩子的教育要求始终秉承着一个原则，就是先成人后成才，品德永远比分数重要。不求他今后的人生能够达到一个什么样的高度，但求他善良、诚实、感恩；不求他有多大的宏伟目标，但求他现在踏踏实实地学习每一个基础知识点，开开心心地度过美好的少年时光。为此，以下是我个人对小孩学习、品德教育方面的浅薄看法，请大家批评指正：

首先我对小孩的要求是学会感恩。大家可能认为对于一个小学二年级的孩子来说这个要求似乎过高，但我不这样认为，千里之行，始于足下，孩子这个时候的感情最是纯真，他就像是一张白纸，而这张白纸最后是变成素描画、油彩画，还是抽象画，取决于我们这个时候对孩子的教育及平时一言一行的影响。相信大家都看过电视、网络上的太多关于对孩子小时候品德教育不重视导致长大后出现心理扭曲，从而造成恶果的负面报道。这些报道反映的都是孩子小时候被溺爱，长大后要么成为“巨婴”，要么成为没有任何心理承受力的“心理残疾人”，相信大家都不愿意看到孩子长大后会出现这样的情况，那么我认为解决这样教育问题的首要条件就是要培养孩子的感恩之心，一个人知道感恩了，他就是善良、友善、有责任心的。我经常对他说你要学会感恩，比如你要感谢上学路上沐浴你的清晨阳光，要感谢走进校门时迎来的门卫大爷的关切目光，要感谢老师每一次喊“上课”的声音，要感谢课间休息时同学们伴随你的嬉闹等等。

其次我经常告诫他的就是做事要有态度。何谓“态度”，态度包含的内容很多，它涵盖对人、对物、对事的态度。所以态度决定一切，这句话放在学习上尤为重要。很多人可能认为孩子的学习态度跟他的兴趣有关系，如果兴趣浓一些可能态度就好一些，反之则不然。但令大家困惑的是，兴趣这个事情很虚，它属于天性一类，也无法督导啊！我也有这样的困惑，无奈之下，我只能跟孩子约法三章了，这“三章”分别是“一堂课、一作业、一交流”，尽量通过这三种方式来潜移默化培养他的学习态度。其中“一堂课”就是要求孩子聚精会神、全力把握课堂上老师讲课的每一分钟，就像海绵吸水一样完全吸收老师在课堂上教的内容，这是关键的关键；“一作业”就是回家的第一件事做家庭作业，不但要在规定的时间、规定的地点做完，光做完不是主要的，而且还要保证作业的质量，如果做错了是有惩罚的，我要求的惩罚不是别的，就是罚重做及多做；“一交流”就是经常与孩子聊天，聊的内容有：学校发生的趣事，今天有没有受到批评啊，有没有受到表扬啊，有没有哪个同学又调皮了啊，等等。在聊天过程中让他感觉到我们大人对他的校园生活很重视、很感兴趣，从而让他也对每天的学习充满期待。

最后我常常唠叨的就是讲究方法。如果能从小培养孩子正确的学习方法，这对他的一生都将受益，俗话说：“活到老，学到老”，这一句从面上看是让人不断学习，但我认为这其中也要求了人必须有很好的自学能力，否则哪里来这么多老师教我们到老。老师是领我们“进门”的人，更多的是要求我们自学，所以能够自学应该是方法中的方法，是最重要的。我经常跟他说你要知道如何做到自学，就必须明白自己要“学什么”“怎么学”“跟谁学”，把这些弄明白了，那才能入自学的门。

啰唆半天，都是随感而发，不是不认真严谨对待日记，确属水平能力有限，还请老师、家长们见谅！

感谢老师们对孩子呕心沥血的教导，感谢家长们的真诚交流，感谢小朋友们的陪伴成长，程林烽的成长中有你们是他最大的财富，谢谢大家！

[作者是武穴市师范附属小学二（8）班程林烽的家长]

润物细无声

——浅谈家长对孩子的影响

吕年霞

现在有些家长总在抱怨自己的孩子习惯不好：做事拖拉、不爱读书、脾气暴躁、沉迷游戏、不爱运动、挑食等等。网络上甚至有家长因为陪孩子写作业而崩溃到进医院，于是很多家长都说：“我太难了!”

每一个孩子来到这个世界时都是一张白纸，为什么从他们开始进入幼儿园后，就开始可以发现其中的些许差异，以至于后来的小学、中学、大学以后就有了每个人完全不同道路呢？深究这其中的原因，我认为最关键的问题在家长。从孩子牙牙学语时，孩子们便是在模仿家长，家长在孩子面前的一举一动都会影响孩子。正所谓“润物细无声”，家长的言传身教是一个孩子将来人格形成的重要影响因素。

有一次，我跟我家孩子在学校附近的餐厅吃饭，在那里碰到了他的同班同学（以前幼儿园也是同班）和他的妈妈也在用餐，那孩子正在用平板电脑玩游戏，他的妈妈正在玩手机。一见到同学我家孩子便很高兴地喊出他的名字，那孩子把头从手中的平板电脑上挪开一下简单地打了个招呼就继续玩他的游戏，他的妈妈也略微抬头对我们笑了笑。两个人的神情完全一致。我们为了不影响他们，只好找了个离他们稍远的地方就座。以前在家长群里，这个家长经常抱怨自己孩子写作业时不专注，总是边写边玩游戏。其他家长给她出主意说什么规定时间内完成作业可以让孩子玩等等，但有家长说这个方法也不行，限时后，孩子的作业会写得一团糟。我现在才明白也许她孩子的这些习惯是家长从小一点点“培养”出来的。

今年因为疫情影响，孩子在暑假前都很少出门，偶尔出门也是在家附近的公园逛逛。一天，我和孩子在公园玩的时候，发现满池塘的荷花都开了，有不少人围着池塘赏花。其中有一对父子，爸爸指着荷花让孩子用一句话来描述它，孩子说：“微风一吹，荷花随风轻轻摆动，像一位身穿粉色薄纱起舞的仙子。”那孩子看着最多上幼儿园大班的样子，这么小的孩子能用这么优美的语言描述荷花令我感到惊叹，于是我就找机会跟他爸爸聊了几句。原来他们一家都是老师，孩子跟着家里的大人每天都会读书，并且安排了各种关于读书方面的游戏，胜负有奖有罚，即使是用电脑，大部分时间也是在搜索与学习相关的内容。在这样家长慢慢地浸润下，我们相信这个孩子将来在各个方面的表现一定不会差。

学校里老师每天对那么多孩子做同样的教学，一直在引导孩子多读书，专注学习，养成好习惯等等，有的学生能慢慢变优秀，有的学生却一直停滞不前，甚至越来越糟。这种情况不得不说跟家长有着很大的关系。有的家长自己每天一回家就对着手机，遇到不顺心的事在家大声说话发泄情绪，孩子不会的事教了三遍还没学会就开始烦躁，遇到需要精心细致地去完成的事情就觉得麻烦，大方地花钱让别人来办，甚至在孩子面前还为此沾沾自喜……这样的言传身教，想让孩子成为不拖拉、爱读书、喜欢钻研、懂礼貌等等优秀的品质人真是太难了。遇到这样的家长，想让孩子成才，孩子只能说：“我太难了。”

孩子小的时候并没有太大差别，但是家长的素质却千差万别。有的家长苦于自己做不到又没有好的方法于是就逼迫孩子改变；有的家长是监督孩子，这样的家长愿意尝试各种努力，但他们从来不考虑孩子的感受，因为他们只在乎自己的投入有多少回报，他们监督孩子是避免付出的金钱和时间没有回报；有的家长是帮助孩子成长，这样的家长是采取润物细无声的方法让自己参与进去，让孩子自己主动去学习，去进步，这样的教育方法，不仅孩子是学习的主角，家长也是。家长通过自己的言传身教，让孩子发自内心地热爱学习，追求进步。这可能是教育的最好方法，润物细无声，看似什么也没做，但是结果却是事半功倍。

现在的社会都在讲合作共赢，教养孩子也一样，学校有专业的方式方法，我们作为家长除全心配合外，还要以身作则、言传身教，让我们的孩子在优良的氛围中浸润，从而成为一个个优秀的人才。

[作者是武穴市师范附属小学五（8）班何吕凡的家长]

小精灵变形记

肖翠红

有这样一个幸福的大家庭，它由五十一名小精灵组成。他们是我教育故事中的主题，每天都演绎着不同的精彩片段。陈同学就是其中的一个特殊小精灵。

初　识

记得今年开学第一天，陈同学转到我们班级时，当时孩子的爷爷反复嘱咐我，希望我多照顾点孩子。看着孩子不整洁的衣着、凌乱的头发，还有始终低着头的样子，凭我当了这么多年老师的直觉判断，这个孩子肯定很内向，成绩也不会很好，而且没人管她。

班上学生的转进和转出应该是一件司空见惯的事，每个转进的新生开始都会觉得有点陌生和不习惯，按照以往的惯例，我把陈同学安排和班长同桌，并且告诉她有困难找班长，同时要求其他学生也要帮助她，和她交朋友。一周、两周，时间一晃就过去了半个月。等我从繁忙的开学工作中解脱出来后，我开始认真留意班上的学生了。班上学生的学习和生活已经步入正轨，对部分学生的家访也很顺利，家长们也都反映孩子在家表现不错。可是唯独这个刚转来的陈同学让我百思不得其解，她几乎不和任何同学交流，什么事都是独来独往，写作业是一个人，打早餐每次都排在最后。班长也告诉我说，她不爱和大家说话，上课不举手，不和小组同学讨论。照经验看，半个月了，即使不能和大家打成一片，也应该有几个比较熟的伴了。可是……仔细一回想还是自己有疏忽，因为开学事情太多，找孩子谈心次数太少，关心不够呀！

和学生谈心是一件非常有挑战性且艺术性很强的工作。谈心，顾名思义就是谈心里话，真正走进学生的内心深处去和他们沟通。虽然当班主任的时间也不短了，但是每次和学生谈心时，我都会考虑很多，思前又想后。担心万一不慎伤到孩子的自尊或是提到不该提的事情让孩子更加封闭，以致和老师距离更远；担心不够了解孩子，说不到点子上，或是孩子还没有从内心认可你这个老师而反感你等等。可是这一次看到一个这么反常的孩子，我顾不了太多了，看了她填写的学生基本情况后，就立刻和她进行了一次很久的谈话，时间长主要是因为这孩子总是不开口和我交流，问她问题，她只是点头或摇头。看来谈心时机还不够成熟，一方面我对她了解太少，她可能还不是很信任我，另一方面可能是这孩子的家庭不够温暖，看来必须先对这个孩子进行家访。

家　　访

了解清楚去她家的路线后，在一个周六的上午，我和搭班的老师一起骑自行车去了她家。隔得老远孩子就认出了我们，可是这孩子并没有看到老师的惊喜与热情，而是扭头就往屋里钻，我更加确信这个孩子很胆小。当快到她家门口时，我们心里一震，竟然还有这么破旧和矮小的房子呀！孩子的爷爷迎了出来，只是这次和上次判若两人，老人家佝偻着腰，一脸痛苦的表情，看到我们还是又惊又喜。老人家说："我这个孙女胆小，怕人，看到她往家里躲就知道肯定有事。原来是老师来了。"孩子的爷爷告诉我们说："她的父亲在她六岁时出车祸去世了，她母亲一个人带着她两年就改嫁了，孩子没办法只好跟着我们老两口。可是老天偏偏不照顾我们，我得了腰椎间盘突出，这几天正疼着，不能干重体力活，孩子的奶奶也有比较严重的哮喘，偶尔发了也很痛苦。我们目前靠种几亩田过活，可是身体吃不消，收成总是很差呀！孩子和同龄人相比欠缺的东西太多，所以性格很孤僻，不怎么跟人交流的。希望老师别见怪呀！"我和同去的老师听到这些，看着两间屋子内破旧的陈设，胸中陡然涌起一阵心酸，我们为孩子的不幸深感不安。我当时就在内心问自己，教育是什么？我们平时不是说是生命与生命的平等对话吗？教育赋予生命的应该是健康，是幸福，是温暖，是向上的力量，是人与人心灵上最微妙的接触，而只有这样接触才能在她的心灵里播种爱心，播种善良，播种智慧，播种光明。于是我们牵起孩子脏兮兮的手，把她拉到身边，和她聊了很多，讲了一些励志的故事，希望能从内心给孩子温暖和自信，接着询问并辅导她完成作业。临走时与她的爷爷奶奶交换了意见，并且反复宽慰两位老人：一切总会好起来，我们会尽量多照顾孩子的学习和生活。在回来的路上我们两位老师的心里久久无法平静，原来那些经常在网上和报纸上看到，那些曾经为之哭过鼻子的事例竟然就在我们身边。我们只感到自己的力量太弱小，不能给他们任何承诺，不能为他们解决实际问题，有的只是精神上的安慰和鼓励，但是我们相信老天总是会眷顾他们的。

蜕 变

在随后的日子里，我和班上的所有老师都在生活上无微不至地关心她，学习上不厌其烦地辅导她，用爱心温暖她，用耐心期待她，用信心激励她，用童心接近她，并鼓励同学们帮助她。虽然没有发生什么大的奇迹，但是孩子还是有所变化，她与老师的交流自然多了，能与同学一起在课外玩游戏了。也许是家庭的特殊和贫困带给孩子的阴影太多，孩子还是比较孤僻，学习成绩不好。经过多次与孩子的谈心和家访，作为班主任我把孩子的实际困难向学校领导进行了汇报，希望自己解决不了的问题让学校出面解决。学校领导对此比较重视，分别在每年寒暑假专门对学校各班特困生家庭进行了走访，并展开了送温暖活动。学校的举动不仅温暖了孩子，也温暖了孩子的家庭；不仅对他们给予了物质帮助，也带去了强大的精神慰藉。通过多次走访调查，最后鉴于我们班陈同学家里的情况最特殊，经研究学校决定把孩子有些文化的爷爷请来当门卫，并减免孩子的一些生活费用，为这个孩子及家庭解决一些实质性问题。

当孩子的家人知道这个消息后，握着学校领导的手久久不放，孩子的爷爷说：老天终于眷顾我们了。在后来的日子里，老人家由于干门卫的活，体力劳动轻，一日三餐规律且有保障，老顽疾复发的频率也低了，人也越发精神了。孩子的奶奶农忙时可以用孩子爷爷的工资请请人，农田收成也不错，还可以有些闲钱为孙女多买点书和花裙子。孩子在集体的关心和爱护下目前已经有了很大的转变，人开朗了，还能经常见她笑，学习成绩也有了质的飞跃。

跳动的音符，用真情演绎才能奏出美妙的乐章；多彩的画笔，用真心勾勒才能画出美丽的画图；稚嫩的童心，用真爱呵护才能幸福快乐。正如一位教育家所言："教育过程中要充满期待，如果把一份爱心放在其中，就会取得意想不到的效果。"不一样的孩子，不一样的家庭，给她阳光，她一样灿烂！

（作者工作单位：潜江市第二实验小学）

家长如何正确调节自己和处理孩子的情绪

韩　俊

心理学认为，情绪是一种主观的认知体验，是由多种感觉、思想、行为综合产生的心理、生理状态。它产生于人的内心需要是否得到满足。

人的基本情绪包含喜、怒、哀、惧四种，其中可以分为正面情绪和负面情绪，一般大家对正面情绪比较认可，而对于负面情绪则避之唯恐不及。其实，情绪本身没有好坏之分，都是我们内心感受的一部分，但是在我们日常生活中，往往会由于情绪的错误表达，而带来很多意想不到的严重后果。例如：重庆公交车坠江事件，不过是因为道路维修改道，司机没能在女乘客想下车的地方停车，女乘客便破口大骂、伸手打人，一场小小的纷争，却伤害了十几条无辜的生命；上海一17岁男孩与母亲在车内发生争执，一言不合竟跳桥结束生命，起因仅是因为在校和同学发生了争吵……由情绪处理不当而引发的悲剧事件举不胜举。

亚里士多德曾说过："任何人都会有发怒的时候，这没什么难的。但要是能适时适所、用适当方式对适当的对象恰如其分地生气，那可就难上加难了。"所以，无论是正面情绪还是负面情绪，首先要能正确地认识情绪，然后才能管理自己的情绪，从而有效地控制自己，同时认识别人的情绪。毫不控制地释放情绪，会带来不可挽回的后果。

那么，家长该如何调节自己的情绪呢？

在养育孩子的过程中，家长们难免会遭遇熊孩子的各种挑战，在费尽口舌无果之后，便是暴风骤雨般的歇斯底里怒吼、甚至打骂，过后又无比后悔地自责……相信这种恶性循环很多家长都经历过。面对这种情况，家长们可以采取以下四步来调节自己的情绪：

第一步：接纳。情绪是我们生命的一部分，是我们身体的正常感受。当我们有了情绪之后，要及时察觉并接纳情绪，知道这是一种什么样的情绪，允许这种情绪在体内慢慢流动。

第二步：思考。每一种情绪或症状都是信号，我们要思考它想告诉我们什么。比如：你感到焦虑，是不是因为什么事情没有做好准备？你感到孤单，是不是应该去交几个朋友？你感到抑郁，是不是太累、身体需要放松休息了？等等。

第三步：处理。经过思考，你已经找到了情绪产生的原因，该做什么就做什么，这样就能较好地调整和缓解自己的情绪，让自己保持积极的心态面对人和事。

第四步：放下。放下的秘诀是调整自己的观念。美国心理学家埃利斯认为："使人难过和痛苦的，不是事件本身，而是对事情的不正确解释和评价。"改变心情是治标，调整心态才是治本。采用治本的方法才能将情绪问题从根本上予以解决，只要我们的观念、我们的心态改变，我们的情绪自然也就会相应作出改变。

我们应当知道，情绪也是一种力量，过于压抑自己的情绪会造成躯体的伤害。情绪无法表达，人的攻击性就只能向内，一旦开始自我攻击，就会产生很多心理问题，例如：引发抑郁、焦虑等；同时也会引发身体疾病，例如：常见的乳腺癌、高血压、心脏病等。

我们也要警惕："坏情绪是可以传染的。"心理学上著名的"踢猫效应"，描绘的就是一种典型的坏情绪的传染所导致的恶性循环。另外，我们还可以选择很多渠道来合理宣泄自己的情绪，比如：进行放松训练，在适当场所放声歌唱、大声喊叫，向好友倾诉，打打篮球、跑跑步等，甚至可以大哭一场。总之，情绪作为一种能量，我们只要让它在体内流动起来，允许它恰当、真实、自然地表达出来就好。

面对孩子的情绪问题，家长应该如何处理呢？

日常生活中，孩子也经常会有各种情绪产生，家长面对孩子的情绪，常常感到束手无策，一般第一反应就是"堵"："不许哭！""不许叫！""不许闹！"甚至"不许笑！"这样往往起不到解决问题的作用，反而使问题越闹越大，到最后只有以家长的武力镇压而告终。然而，事情真的解决了吗？事实上，"堵"的方式会让孩子的情绪得不到有效处理，慢慢积压会引发更多的心理问题，甚至导致孩子变成家长和老师眼中的"问题儿童"。

当孩子有了情绪的时候，很重要的一点是家长首先要安抚好自己，让自己有一个放松、平静的心情，然后可以采取以下几步和孩子进行有效沟通：

第一，询问孩子发生了什么事。家长认真倾听孩子，让孩子把整个事情讲述一遍，一是了解事情的经过，帮孩子梳理问题并认识自己的情绪；二是让孩子在讲述的过程中情绪得到一定释放。

第二，理解孩子的感受。孩子讲完事情的经过后，家长千万不要急于去评判或指责，而应该站在孩子的角度理解他的感受，让孩子或帮孩子用语言表达出感受并用轻柔的动作进行安抚，孩子得到家长的理解和安慰，情绪也就会缓解很多，能够慢慢冷静下来。

第三，允许孩子宣泄情绪。当孩子还不能冷静下来，继续通过哭闹、丢东西或其他方式发泄情绪，家长这个时候要允许孩子在安全（安全的环境，不伤害自己）的范围内适当发泄，比如："你想哭就哭一会吧，妈妈陪着你。"给孩子时间发泄，家长安静陪伴就好，孩子发泄完了，情绪也就会得到很大舒缓。

第四，讨论解决问题的方法。当孩子经历了情绪的释放，关注点自然会回到事情本身，这时家长再和孩子共同讨论问题，让孩子明白自己的责任或存在的问题，帮助他寻找解决问题的办法。家长经常这样和孩子沟通，孩子慢慢就会拥有面对负面情绪、面对困难的能力。

总之，我们要认识到情绪是生命中不可分割的一部分，是我们的朋友。不论是家长或是孩子，我们都要遵循先疏导情绪再解决问题的原则，认识接纳情绪，正确处理情绪，积极调整观念，用良好的心态面对一切，做自己情绪的主人，而不被情绪左右。

（作者工作单位：老河口市中心幼儿园）

爱孩子更要懂孩子

纪昌林

亲爱的家长朋友们，你们爱自己的孩子吗？相信所有的家长都会说，当然爱了。可是你们真的懂孩子吗？知道怎么爱自己的孩子吗？估计很多家长朋友都要沉默一下了。是的，我们当然爱自己的孩子了，我们起早贪黑、含辛茹苦地把他养大，怎么能说我们不爱他呢？但是你真的懂怎么爱他吗？你有没有走进孩子的内心，真切地关注孩子想要什么样的爱，想要一种什么样的家庭生活呢？

父母在孩子呱呱落地的那一刻，内心都充满了欢喜和希望，自己拥有的，希望孩子能拥有的更多；自己没有的，希望孩子一定要有；自己吃过的苦，不希望孩子再尝一遍；自己曾经在人生路上走过的曲折坎坷，希望孩子不要再走；自己曾经丢失的希望和梦想，希望孩子为我们延续。相信很多父母都是这样，可是我们这么深沉、“精打细算”的爱，为什么却收不到很好的效果呢？甚至有时候还会招致孩子的怨恨；更有甚者，会造成一些家庭悲剧。

时常会听到或看到一些主人公讲述原生家庭给他带来一生都无法抹去的阴影甚至伤痛的故事或报道，这无疑是令人非常痛心的。我们的家长都认为自己是很爱自己的孩子的，嘘寒问暖，呵护备至，那么是哪里或者是从孩子成长的哪个阶段开始出了问题，出现了偏差呢？

估计大多都是从孩子会说话、需要学东西学本领的时候。我们的家长总觉得孩子什么也不懂，都要大人教，习惯于站在自己的角度和从自己已有的认知领域里，去教导和要求孩子。如果达不到我们的预期，我们就会不停地唠叨、抱怨，甚至大怒。还有的父母呢？就冷处理，也可以称之为冷暴力，更容易用道德绑架孩子：你看父母都这么辛苦了，你还不能体谅，不能按父母的要求做好，你对得起我们吗？一失望就几天不给孩子笑脸。孩子处在这样的家庭环境里，即使日后有了很好的成就，心理上也多多少少会有治愈不了的疤痕。有一些父母则是放任型的：我的孩子就要快快乐乐地成长，我对他没有要求，要什么给什么。可想而知，这样养出来的孩子自然是任性的，大多也是不负责任的，如果父母不能给他的一生兜底，那他如果将来遇到过不去的坎儿，肯定是会怨恨父母的。

我们应该怎么去爱孩子呢？

要把孩子看作一个单独的个体。诚然，我们大人有着更多的经验、学识，可是这些都不是孩子经历过的。孩子是好奇的，是愿意去冒险的，有些路你不让他走，可他却想去探探险，你说有危险，可他却说也许会看到不同的风景。如果大人一意孤行，只会以爱的名义把孩子越推越远，最终孩子还是会只身犯险。我们能做到就是提出合理建议，陪他探险，在他遇到危险或迷茫时拉他一把，孩子会感激并且敬佩这样的父母，那下一次父母的提议他也会听进去了。这样的爱才会拉近孩子与父母心灵的距离，并且帮助孩子的人生路走得更远更顺畅。

知道每一个孩子都是独特存在的。孩子与孩子是不同的，有的智力发育得快一点，有的慢一点，有的孩子天生活泼爱动爱交际，有的就是喜欢一个人静静地待在自己的世界里，有的孩子语数外学得很好，可是有的孩子在文艺或科技方面却很有天赋。我们不应该要求自己的孩子非要跟别的孩子一样，老觉得别的孩子考一百分，自家孩子考八十就是差，就是不如别人；别的孩子见人爱笑惹人爱，自家孩子不主动打招呼就是有问题。我们小时候最讨厌父母说的一句话就是：你看那谁谁家的孩子怎么样怎么样……可是等我们做了父母却也这样，孩子怎能没有抵触心理呢？我们应该看到自家孩子的独特性，分析他们的性格、智力，从内心深处接受自己的孩子。

给孩子成长的空间。很多父母喜欢包办孩子的一切，从小时候的给他喂饭穿衣到上学时的上哪个兴趣班，选择什么专业，一点也不听孩子的意见，诚然我们不能全听孩子的，任由孩子想学不想学，但是也不能忽视孩子的需求，有些孩子习惯了由父母包办一切，渐渐地完全没有了自己的想法，创造性和灵性就这样被一步步抹杀。我们要做的就是根据孩子的兴趣以及以后的发展方向来一起做选择，并且在学习的过程中指导孩子坚定地坚持下去，这样哪怕过程很苦，若干年后孩子也一定会感激当时父母的坚持。

让孩子有自己的理想和梦想。不把自己曾经缺失的或失去的梦想强加给孩子，要求孩子替我们完成。很多的父母都会这样，说我们那个时候就是没有条件，不然我就是老师、医生、歌唱家了……你看现在的条件多好，你一定要如何如何……孩子真正想做的事情却被忽略了，有些孩子甚至是在为实现父母当年的梦想而努力，等到实现了的那一天，才觉得自己该为自己而活，却不知道接下来的路该如何去走。我们应该给孩子陪伴和指导，而不是把孩子当成提线木偶，要孩子按部就班地按照我们规划好的路去走，要尽可能地提供机会拓宽孩子的眼界，帮助孩子找到他们自己想要为之奋斗一生的理想和目标，才是我们给予孩子最好的爱！

有良好的家风。家庭教育更多的是一种耳濡目染的影响和渗透。一个家有没有很好的规矩，父母的言行，对待老人、邻居的态度等等都是一个家的家风。有良好的家庭氛围，孩子自然而然就能接受到很好的家庭教育，这比父母说一百遍你应该做什么，不该做什么都有用。温文尔雅的父母，他们的孩子自然是温柔懂礼不张扬的；孝顺老人、宽和待人的父母，他们的孩子是做不出遗弃老人和动辄和人干仗的事的；认真工作、好好生活的父母，他们的孩子学习习惯和生活态度也不会差到哪去；家庭和睦的家庭，他们的孩子自然会有较好的爱情观和婚姻观。这，就是最好的家庭教育。

要有自己的生活。就是首先我们得爱自己，热爱生活。你自己和你的伴侣以及其他家人的关系是最重要的，不要认为孩子是生活中最重要的，觉得自己是为孩子活着的，这样想的话，无形中你就给自己和孩子套上了枷锁，这层枷锁会展现在你和孩子的日常交流和相处中，把所有的希望都压在孩子身上，就会对孩子有越来越多和越来越苛刻的要求，最终造成亲子关系产生裂痕，家庭教育也会走偏。父母有自己热爱的事业，有热爱生活的态度，有融洽的夫妻关系，孩子在这样环境感染下，自然会向父母看齐，我们可以看看身边的家庭，这样的家庭出来的孩子基本不会差到哪去。

爱孩子首先要懂孩子，更要懂自己，孩子是我们一生的宝贝，如何教育好孩子，给孩子他想要的爱更是我们家长一生的修行。

（作者工作单位：十堰市郧西县河夹镇希望小学）

让孩子向阳生长

刘传娥

说到太阳，大家都会想到什么呢？

是的，太阳象征光明和温暖；太阳象征希望；太阳象征美好的前程；太阳象征善的理念；太阳象征生命和力量；太阳还象征自由、幸福、美、热情、杰出、高尚……所以，我们要让孩子向阳生长！向阳生长的孩子拥有健康的体魄、阳光的心态、积极向上的精神……

万物生长靠太阳，哪里有阳光，哪里就生机盎然，这是自然界的太阳，它在我们头上，用它的光普照着我们，用它的热温暖着我们。其实，还有一个更重要的"太阳"，它驻扎在我们的心里。"心若晴，雨也晴；心若雨，晴也雨"，只要我们心里装着太阳，我们的日子就一定天天充满阳光。要想让我们的孩子茁壮成长，就一定要让他既充分享受自然的阳光，又能心中充满阳光，这样孩子才能向阳生长！

怎样让孩子向阳生长呢？

1. 走进大自然，享受自然的阳光——让孩子拥有健康的体魄

（1）回到农村，回归自然——释放自我。

只要有机会，我们可以带孩子到农村去，让他在溪沟里抓螃蟹、捞鱼虾、修水渠；在田间地头摘蔬菜、挖红薯；在山上采野花、采蘑菇、捡板栗；带他在山间小路上行走、拉练等等，充分亲近大自然，锻炼体魄。孩子在泥土地里摸爬滚打，可以获得和城市完全不同的生活体验；尽情玩耍、嬉戏，身体倍儿棒，性格也会十分开朗。

（2）走出家门，逛逛公园——愉悦身心。

天气晴朗，阳光明媚的周末，让孩子走出家门，和朋友们一起去玩耍，打球、骑车、玩滑板等。充分享受自然的阳光，孩子身体健康，能跑能跳能玩，所以孩子也心情愉悦，脸上也会总是挂着阳光般灿烂的笑容。

(3) 外出旅游，寄情山水——丰富心灵。

“仁者爱山，智者爱水”，让孩子亲近山水，在山川丛林间发现一些人生的哲理，激发出心中的智慧。例如我们身处宜昌。宜昌旅游年卡上二十多处景区里，三峡大坝、三峡人家等都是5A级景区，很值得去看看，又不需要多少钱，不需要很长的时间，周末就够了，一天甚至半天都可以。到周边的景区走走看看，很多景区一年多去几次，不同的季节风景不一样，关键是让孩子充分亲近自然，欣赏自然的美景，不仅丰富了生活，还丰富了心灵世界，胸怀更广阔。想让孩子的心胸像山一样宽广，像海一样辽阔，首先应让孩子去感受一下山有多高耸、海有多辽阔。心动不如行动，趁着阳光正好，出发吧！

2. 营造温暖的家，沐浴心灵的阳光——让孩子拥有阳光的心态

(1) 爱你的另一半：夫妻和睦，让家中充满爱和温暖。

研究表明：夫妻和睦，孩子更聪明！所以，千万不能当着孩子的面争吵。爸爸妈妈吵架，会让孩子没有安全感！记得还是儿子很小的时候，偶尔我们会为一些事争论，儿子就会很不安地说：你们在吵架吗？你们会离婚吗？那时觉得好玩，就逗他说：是啊，我们要离婚了，你跟爸爸还是妈妈呢？爸爸再给你找个年轻的妈妈好吗？妈妈再给你找个有钱的爸爸好吗？当时没在意，觉得逗孩子好玩。可是，我马上发现孩子却信以为真。孩子很纠结，他很苦恼，他自言自语：可是我跟着爸爸就会想妈妈，跟着妈妈又舍不得爸爸，怎么办呢？看着孩子当真了，而且很困扰了，我们意识到在孩子面前不能口无遮拦、信口开河。从此，我们再也不开这种无聊的玩笑。当我们意见存在分歧时，我们会告诉儿子，爸爸妈妈没有吵架，只是在讨论问题，在发表各自不同的观念，而且我们不会离婚，因为爸爸爱妈妈，妈妈也爱爸爸。儿子还是不相信，他爸爸每次上班之前都会到床头亲他一下，那天他就很认真地说：你怎么不亲妈妈呢？他爸爸就笑眯眯地转到这头，郑重地轻吻我。儿子很开心，他对我说：你看他亲你了哟。这样他觉得很安心，他感受到爸爸是爱妈妈的，爸爸妈妈是不会离婚的，他的内心很安定。

(2) 爱你的孩子：夫妻应教育观念一致、行动一致。

孩子的教育方面，夫妻的观念、行动一定要一致。对于孩子学习习惯、生活习惯等，夫妻双方一定要意见统一。传统的一个唱白脸、一个唱黑脸的做法不可取，会让孩子无所适从，甚至形成双重人格。一方严厉，

一方宽松，孩子必然会在严厉的一方面前讨巧卖乖，假装听话懂事，在宽松的一方面前又变本加厉、无拘无束、放任自流。

(3) 爱你的家人：张贴亲密照片，分享幸福瞬间。

在家中张贴一些家人亲密相伴的照片，看着照片上家人的笑脸，想着那些家人在一起的幸福的瞬间，心中充满温暖，必定心情舒畅。家中温馨和谐，孩子必然也舒展阳光。

3. 传递正能量，让孩子积极向上，学会感恩

(1) 传递正能量，不报怨牢骚，不议论阴暗面。

我们都是普普通通的劳动者，工作中总会有一些不如意，但在家里我们不能总抱怨工作辛苦、工资低等问题，而应该多讲工作中的收获、乐趣。让孩子感受到家长从工作中获得的幸福快乐，感受到劳动的价值，作为劳动者对社会的贡献，从而让孩子对未来充满向往，希望自己将来也能成为有用的人，能为社会做贡献，获得社会的尊重和认可，也可以用劳动创造财富，让生活更美好。

(2) 热心公益，从举手之劳的小事做起，传递爱和温暖。

父母是孩子的第一任老师，父母的言传身教往往潜移默化地影响着孩子。我们可以带孩子参加一些力所能及的公益活动。比如积极参加爱心义卖活动、“城乡少年手拉手”活动。带孩子爱心义卖，孩子将自己的玩具、书籍拿去卖，然后将自己挣来的钱捐给身处困境的人。让孩子觉得我也很有用，也能去帮助一些需要帮助的人，为社会尽一份力，让他充满自豪感。孩子从小就有一份社会责任感，长大了才能做对社会有用的人。在“城乡少年手拉手”活动中，孩子将自己的衣服收好，送给山区的孩子。这样一方面让他知道还有一些同龄人生活在贫困山区，经济条件不好，还需要我们的帮助，我们的举手之劳，对别人有用；另一方面，也让孩子珍惜自己所拥有的较好的生活条件，在生活中学会勤俭节约等。

从举手之劳的小事做起，帮助别人真的是一件快乐和幸福的事。比如带孩子买菜，有时看见农村来的老奶奶只剩几把菜，虽然不新鲜，也全部买下，让老人早点回家。孩子也会觉得妈妈好善良，以后他也要做一个善良的人。每次回老家，他爸爸常常义务帮村里老人修电器、看病、送药，遇到邻居有困难也都会很热心地帮助。在我们那栋居民楼里，他爸爸被称为“复合型人才”。有一次我们回家，楼上一位老奶奶等着他爸爸，请他爸爸看看她家的防盗门怎么弄不好了，他爸爸几分钟就帮老奶奶解决了问

题。老奶奶说："都说你这个小伙子很能干，专门等着你帮忙呢，还真是呢。"那天在中秋节前后，邻居奶奶还给儿子送了两个月饼。老奶奶的感谢和夸奖，让儿子一方面为他爸爸感到骄傲、自豪，同时在他心中也埋下一颗助人为乐的种子。当时他就表示，长大了也要向他爸爸那样，去帮助别人。我相信只要有机会，他也会很乐意帮助别人。

（3）学会感恩，让爱转化为成长的力量。

让孩子学会感恩，家长要从点点滴滴的小事去引导：感恩学校，孩子才会快乐地上学；感恩老师，孩子才会快乐地学习；感恩家长，孩子才会学会孝顺、尊重老人……

我们在家从不挑剔、抱怨饭菜不好吃，而是感恩做饭的人的辛苦。孩子在校用餐，我们感恩学校能给孩子提供安全的用餐环境，提供营养丰富的食物，让家长省心放心。孩子每天高高兴兴地去食堂用餐，在食堂能每天吃到不同种类的食物，觉得幸福极了。

孩子作业经常在学校就完成，甚至中午老师就批改了，孩子回家就有充足的时间做自己喜欢的事。我们感恩老师牺牲休息时间辅导孩子的学习，孩子很愉快地接受老师布置的各项任务，抓紧时间完成各项作业。

关注学习生活中的一些小细节，感恩老师培养孩子良好的习惯。比如班主任让孩子记得带垃圾袋，将垃圾收在袋子里，带纸巾，擦鼻涕，我们感恩老师培养了孩子良好的卫生习惯。孩子按要求预习，让家长签字："已预习。"我问他，怎样才算已预习呢？他说要标注段落，给生字注音，不认识的字要查字典注音等等，我说你们老师的方法真好，让你们学会预习，孩子感恩老师培养了他们良好的预习习惯。

孩子感恩老师的付出，才会尊敬老师，珍惜老师的劳动，从而凡事严格按老师的要求去做。孩子按老师要求做——老师肯定、夸奖——孩子开心——更听老师的话！快快乐乐去学习！所以，与其说我们培养了孩子良好的习惯，其实是孩子遇见了认真负责的好老师，我们只是从点滴中去感恩老师们的付出，珍惜老师们的劳动，与老师教育一致，让孩子学会学习、学会生活。

最后，作为家长，一定要有一颗平常心。我们都是普普通通的平凡人，孩子也是普普通通的孩子，让他做一个快乐的平凡的人，对孩子的期望要合情合理。孩子永远是我们的宝贝，孩子快乐生活、健康成长才是最重要的！希望我们的宝贝都能向阳生长，快乐学习、健康成长！

参考文献：

[1] 赵忠心. 家庭教育学：教育子女的科学与艺术 [M]. 北京：人民教育出版社，2001：221-239.

[2] 李一慢. 爸爸爱妈妈是给孩子最好的礼物 [J]. 父母世界，2014 (5)：190-191.

（作者工作单位：宜昌市外国语初级学校）

姥爷与他的大同世界

——重家教、严家风

谭桂兰

4年前姥爷如果不去世，现在应该96岁。

姥爷出生于1924年，农历甲子年（鼠年），那是一个闰年，同时也是民国十三年。这一年发生了很多历史上的大事：孙中山提出国民党应该与共产党志同道合；共产国际召开第五次代表大会，李大钊等代表中国共产党出席；溥仪被赶出紫禁城等。姥爷就在这个革新换代的时期呱呱坠地，那一声声短促而响亮的啼哭预示着生命的可贵与不凡，太爷看着襁褓中哭得双脸通红的姥爷，觉得以后的日子会越来越宽顺，就给姥爷取名：谭光宽。

姥爷出生后由于家庭贫穷，迫于生计不得已在很小的时候去给地主家放牛，那个时候的姥爷别说吃饱饭了，就连衣服都没有穿过，一年四季都是光着身子、打着赤脚早出晚归地放牛，到了晚上就钻到杂货柜子里将就入睡。日子一天天艰难地过去了，姥爷的牛长得越来越壮，他自己却越来越瘦弱，到了年底地主家要将姥爷养了三年的牛杀掉过年，姥爷噙着泪水倔强地紧紧拽着牛绳，纵使屠夫拿刀吓唬他，家丁拿鞭子抽在他赤裸的身上，姥爷就是不放手。

姥爷说杀牛的那个冬天他得到了一小碗碎米作为工钱，看看自己手中的半碗碎米，再看看地主一家热闹非凡地坐在一起享受节日的气氛，满满一桌子的美味佳肴和香喷喷的白米饭，让他有些羡慕同时也有些愤恨。他茫然地望着飘雪的天空，舔舔干裂的嘴唇，心里突然有个期盼：什么时候能过上自给自足的生活，让家人也能齐坐桌前欢欢喜喜地吃上一顿年夜饭就好了！

不管是身体上还是心理上，姥爷一路走来经历了种种磨难，现在在家吃饭一直都保持着一个习惯，吃饭前大家都要整整齐齐地坐好才开饭，而他总要用力地闻一下米饭的味道，他说米饭的清香总闻也闻不够。姥爷每次吃饭都小心翼翼，掉在桌子上的米都会一颗一颗捡起来吃掉，就连我们掉的饭他都会一边训斥一边捡起来吃掉，在他这里不允许浪费。

从我记事起姥爷就一直穿着四舅在部队上穿旧的裤子，不是没给他买新的，是他不愿穿，他总说这裤子、衣服都是好好的，丢了可惜。姥爷还有一个习惯——从不穿秋裤，即使下雪天再冷他都不会穿给他买的秋裤和棉裤。那时就时常听妈妈说姥爷从出生就没有衣服穿，一直是光着身子直到十岁，所以身上的皮肤很粗糙，像鱼鳞，而且到冬天皮肤就会痒，骨头也会痛。记得我小时候看见姥爷洗脚，发现姥爷的脚和我们的不一样，脚底很厚且泛黄，腿上的皮肤像干涸的土地，上面有着大而深的纹路。我有次问姥爷为什么不爱穿秋裤，是不是不怕冷？姥爷磕磕烟斗，咳嗽一声："什么叫冷？你们现在这些娃娃在共产党的领导下才过上如意的生活，现在的天都是暖的，我那个时候的天才是真的冷，相较以前我今天这身已经算是保暖了。"姥爷以前的生活我未曾领略，但我明白如今的幸福生活是党领导人民共同开辟出来的。

后来三舅和四舅年纪轻轻就去了部队当兵，因为姥爷说过是共产党让我们过上好的生活，我们也应该报效祖国和人民，所以征兵的时候姥爷毫不犹豫地将三舅和四舅都报了上去，临走时还特别叮嘱两个舅舅在部队好好报效国家，多做事、多吃苦，啥事都听领导的。

后来三舅从部队后勤转业回到家乡，在一家酒店做了后厨，只有四舅还在部队上，如今已是正团级了，姥爷很开心，但还是时不时地嘱咐四舅不可懈怠、不可渎职，在其位就要谋其政。四舅在外是个叱咤风云的人物，但在姥爷面前像个孩子，姥爷说什么他都默默答应。四舅时常教育我们小辈：姥爷年轻吃了很多的苦才养大他们，要懂得感恩，不可顶撞长辈。

小舅是家里最小的，小舅没有进部队而是去了外面闯天下，凭着姥爷教的"做什么事情要专注、要努力、要有一股子不认输的劲儿"这个生存法则，最终摸爬滚打出一片属于自己的天下。小舅现在在北京定居，算是事业有成、家庭美满，有几家餐厅和一家建筑工程有限公司，与小舅妈共同运作得风生水起。小舅在功成名就的时候并没忘记自己的兄弟，先后帮扶了二舅和五舅，也让他们和家人在北京立足和发展事业。姥爷看着小舅一天天扩大规模，二舅和五舅也顺风顺水，他老人家心里很是满意，时常聊到舅舅们的成就，他总会双手合十感谢共产党带来的安逸和富足。

别看姥爷平时不让舅舅们回家探望，但一到过年，姥爷总会态度强硬地把舅舅们和孙儿们都叫回来团聚，而且还会点名，如果谁未到就会发脾气打电话，必须得叫回来。久而久之，舅舅们都形成了默契，过年之前一定十分忙碌，将未做完的工作加班加点完成，然后携上妻小回家过年。四舅在桂林，自己开车回来要十二多个小时；二舅、五舅、小舅在北京开车回来要十四多个小时，他们每次都会提前出发，年夜饭从未缺席过。

在年夜饭席上，几个舅舅像往年一样对自己的工作做个小结，姥爷很认真地聆听，有时还会评价几句。我们小辈也要对自己的学业情况做汇报，姥爷没有像对舅舅们那样严厉地对待我们，但是我们还是会很害怕。姥爷对我们的奖惩是对比去年如果你学习退步了，就不会给你压岁钱，进步了就会给你双倍的压岁钱。

大家都汇报完了后，姥爷就开始总结："首先感谢共产党给了你们这么好的机会，让你们创造了属于自己的幸福，我也很感谢你们在这个好的时代下不忘根本，回报社会，正是我们国家兴旺了，我们家才能整整齐齐地坐在这里吃饭喝酒。其次感谢你们对自家兄弟姐妹的相互帮助、相互扶持，俗话说'一根筷子容易折断，一把筷子抱成一团'，如此下去我们家族怎么会不兴旺发达?! 当然一个家族生活好了并不代表你们是厉害的，而是让身边所有的人和朋友都要生活好才是真的厉害。"姥爷讲话时大家都默默地听着，我以前小时候听不懂也不敢做声，只乖乖地坐在母亲旁边，慢慢大了就非常认可姥爷的大局世界观。他虽然没读过书，但是识大体、顾大局，就像姥爷所说的那样，做人无非就是：对外——别人有恩于你，你以后发达了就报恩，并乐善好施于众人；对内——像毛主席领军打仗一样，众人使劲，再大的困难都不是事儿。

姥爷到了八十多岁的时候很喜欢待在以前住的老屋里，自从姥姥过世后越发显得孤独。舅舅们想尽办法带他出去游玩，但他总是惦记老家的一亩三分田，总是吵着要回家，大家就安排住在附近的大舅在家照顾他。我们时不时地回家看望他，见到我们他开心得像个孩子。他很喜欢吃面包，每次给他带一大包，他立马就掏出一个面包撕开就啃。有时一边啃一边问我的工作和终身大事，姥爷那个时候已经九十岁了，眼睛和耳朵异常的好，对于姥爷总问我个人的事情我小声嘀咕了一句，他立刻像个孩子样坐到一边去了，怎么劝都不好使，我只好说下次带回来给他看，他的态度才缓和下来。

我结婚那天是 2016 年 6 月 12 日，姥爷在我结婚前就过来了，我结婚当天 92 岁的他笑得灿烂无比。别人让他拿着我的手捧花照相他照做了；让他把花插在耳朵上，他也照做了；让他和我们拍合影他更是笑得天真烂漫，在我的新房里他独自转了几圈然后对我们说："有家了就好好建设，把小家建好才能建大家。"

姥爷最终还是离我们而去。几个舅舅都在同一时间赶了回来，共同置办了后事，快下葬的时候我们整齐地站在姥爷棺木边做最后的送行，突然一只花斑蝴蝶飞了过来，绕着屋子飞了几圈后就停在棺木上，一直到起棺才飞走，我望着飞向远去的蝴蝶默默祷告：姥爷，一路走好！感谢您对我们的谆谆嘱托、殷殷希望，在未来的日子里我们会将您的好家风和大局观传承下去，按照您期望的那样，让家庭幸福美满，为国家和人民的明天做出贡献！

（作者工作单位：宜昌市幼儿园）

教学案例篇

《做好孩子成长和发展的设计师和指导者》教学案例

彭　静

【设计背景】很长时间以来，绝大多数家长尤其是农村的家长都有着“望子成龙，盼女成凤”的心态，从小就给孩子定下目标——考上一所好的大学。这种心情是可以理解的，但是往往现实中的情况并不如意，等孩子上了初中，却发现孩子与预设的理想之路的距离越来越远。

于是，家长们使出浑身解数，陪写作业，报培优班，将孩子的课余时间全部排满，无论如何都要让孩子挤上考好大学之路。这期间，无形中增大了家长和孩子的精神压力，造成亲子关系紧张，焦虑、恐惧等负面情绪增加，心理问题导致的硬伤害事件近年来层出不穷。

【教学内容】《家有儿女——做一名合格的初中生家长》第九讲《身兼数职　不留遗憾》

【教学目标】（1）引导家长认识到孩子在中学阶段做人生规划的重要性。

（2）指导家长帮助孩子规划人生。

【教学重难点】指导家长对孩子中考志愿的填报做出正确规划和选择。

【教学准备】典型案例、视频、授课反馈表。

【教学过程】

一、案例导入

（根据班级学生的真实案例，拍摄成视频，真实生动，容易吸引家长的注意力。）

【班级学生案例】在老师们眼中，小王是个聪明伶俐的学生。文科稍弱的他考试却经常可以排在年级的前列，基本上可以考上省级示范高中。这次第四次调考，他却因为前几个月玩得太厉害，只刚刚达到普高录取线。他对老师和同学说，中考填志愿时，他只填省级示范高中，要是考不上就不读书了。老师问他不读书要去做什么，他也答不出来。

请家长们谈谈对该案例的看法？

（用“如果你不知道你要到哪儿去，那通常你哪儿也去不了”作为引入语，导出“人生规划”。）

二、讨论人生规划的重要性

就以下三点内容展开讨论：

（1）人生规划的内涵。

（2）人生规划与职业规划的关系。

（3）展示班级学生调查问卷结果。

表1　九（3）班关于职业调查问卷（学生卷）的调查结果

<table>
<tr><td rowspan="2">你是否考虑过今后具体要从事的职业？</td><td>考虑过，非常清楚</td><td>想过，但不明确</td><td>完全没考虑过</td></tr>
<tr><td>24.4%</td><td>68.9%</td><td>6.7%</td></tr>
<tr><td rowspan="2">你会怎样选择将来的职业？</td><td>依照兴趣爱好</td><td>父母安排</td><td>走一步看一步</td></tr>
<tr><td>64.4%</td><td>20.0%</td><td>15.6%</td></tr>
</table>

通过问卷结果分析和家长发言，直接得出以下结论：绝大部分的初中学生都考虑过将来想要从事的职业，也希望能依照自己的兴趣爱好选择职业，但对这个问题考虑得不清楚，目标不明确。

（引用名言：对于一艘盲目航行的船来说，所有的风都是逆风。说明应避免对职业选择的盲从，凸显人生规划的重要性。）

三、上普高？还是上职高？

1. 结合数据调查结果作出分析

首先让部分家长发言，谈谈自己对普高和职高选择的看法，然后展示家长调查问卷的结果。

表2　九（3）班关于学历及预期的调查问卷（家长卷）的调查结果

<table>
<tr><td rowspan="2">家长自己的学历</td><td>高中及以下</td><td>大专</td><td>本科</td><td>硕士</td></tr>
<tr><td>51.2%</td><td>12.2%</td><td>31.7%</td><td>4.9%</td></tr>
<tr><td rowspan="2">家长对孩子学历的预期</td><td>高职及以下</td><td colspan="2">本科</td><td>硕士及以上</td></tr>
<tr><td>26.8%</td><td colspan="2">63.5%</td><td>9.7%</td></tr>
<tr><td>孩子对自己学历的预期</td><td>31.2%</td><td colspan="2">44.3%</td><td>24.5%</td></tr>
</table>

结合调查问卷数据分析，得出结果：大部分家长从内心来说还是想让孩子读普高系类并就读本科。

2. 解读中考招生政策

很长时间以来，绝大多数家长都有“望子成龙，盼女成凤”的心态，从小就给孩子定下目标——考上一所好的大学，将来就跳出“农”门，吃上“国家饭”就一劳永逸了。这种心情是可以理解的，但是往往等孩子上了初中，却发现孩子与预设的理想之路的距离越来越远。随着招生制度的不断变化和完善，中考招生普高与中职比例基本为1∶1的时候，许多家长迷茫了，犹豫了，难道我的孩子就这样被“普通高中”淘汰了？只能进入“职业类”学校？

摘录：年年岁岁说就业，岁岁年年就业难！继 2018 年高校毕业生人数突破 800 万之后，2020 年的毕业生人数持续增长，并超过头年的 834 万达到 874 万之多！毕业生人数在年年递增，就业之难也似乎成了常态。连续几年的“史上最难就业季”给人的感觉就是：对于就业，没有最难，只有更难！但 2019 年，全国中等职业学校毕业生人数为 515.47 万，就业人数为 496.42 万，就业率为 96.30％，对口就业率为 77.60％，就业情况非常亮眼。

3. 两个材料对比：华中科技大学青年千人（图片）和《大国工匠：“两丝”钳工顾秋亮》（视频）

家长发言，谈看法。

总结：通过图片、视频等形式，华中科技大学青年千人的情况和“两丝”钳工顾秋亮的情况介绍的对比，告诉家长对孩子的规划不要一概而论，一定要根据孩子的具体情况来设计。无论是哪种升学模式，孩子都可能会有理想的成就。

四、他山之石

(1) 比尔·盖茨的事例：他在访问北京师范大学附属实验中学时，有位高中生问他：“你的理想是什么？”他说：“我从小的梦想就是把计算机做成一个完美的工具，这也是我毕生的追求。现在，我已经走完了一半的路程。我希望，我最终结束工作的时候能够完全实现这样一个梦想。”比尔·盖茨花了 30 年时间，在追求理想的道路上走完了“一半”的路程。现在，在其剩下的职业生涯中，他能否圆满完成他的目标已经不再重要了，因为现在世界上已有千千万万的人在追随和分享着他的理想。

美国国家职业信息协调委员会制定了一个职业发展指导规范，要求职业指导要从 6 岁开始，并把人生规划分成小学、初中、高中、成人四个阶段。在每个阶段，每个人都要进行三个环节的人生规划，即自我认识、探索教育与职业的关系、职业规划。

（2）德国在二战中成为战败国，国民经济受到重创，整个国家变成一片废墟。为什么短短的几十年，德国能变成欧洲乃至世界上的经济强国？战败的德国被毁掉的是表面的东西，科技基础没有毁掉，特别是德国推行的职业教育在恢复国民经济中起到了秘密武器的作用，造就了德国 20 世纪中叶经济发展的黄金二十年。德国除了有完善的职业教育法律体系外，起决定性作用的是它科学的职业教育基本体系。

（利用思维导图讲解，直观、清晰。让家长们迅速了解德国的职业教育基本体系。）

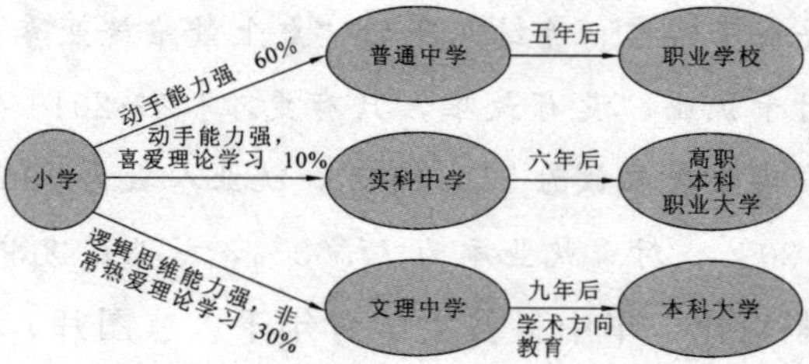

德国的职业教育基本体系

五、如何帮助孩子规划人生

家长交流互动（小组讨论）：您是怎样引导孩子规划人生的？探讨引导孩子进行人生规划中存在的困惑及成因，家长分享成功的方法与经验。

总结：在了解自己孩子的基础上，中学生职业规划离不开家长的支持和参与。家长的具体工作主要有以下六个方面：

（1）帮助孩子根据自己的兴趣、能力、气质、性格等个性特征，确立理想的职业目标，不断提升自己的文化知识储备、综合素质和基础的职业技能。

例如医生这个职业就特别需要耐心和细心，而律师就需要较强的逻辑思维能力和语言表达能力，新闻记者就需要敏锐的观察力和人际沟通能力。各种职业对人的素质能力要求不一样，家长要思考一下哪些职业自己的孩子比较适合，哪些职业自己的孩子不太适合。这样，在考虑孩子未来职业时我们就不会盲目。

(2) 通过引导孩子探索职业和体验职业，有意识地锻炼其查找信息、分析问题和解决问题、适应社会、与人交往等能力。

(3) 鼓励孩子与有相同职业理想的同学一起讨论、交流各种与职业目标有关的信息，互相促进，共同进步，为以后步入社会形成良好的职业人际关系圈做好铺垫。

(4) 家长应充分整合、利用既有资源，为孩子提供社会实践机会和发展空间。

(5) 鼓励孩子参加与职业目标有关的学校社团，并尽力提供帮助。

(6) 具体指导孩子选择专业，帮助孩子根据自己的职业理想选择适合的专业和学校。

了解孩子可能选择的职业在未来的发展趋势。例如前几年，许多学生一味追求学计算机和法律等热门专业，哪知由于职业需求的饱和，这些本来热门的专业近几年找工作比较难。而另一些专业原来不被看好，现在很热门，例如物流、口译、工业设计等。假如我们家长提前几年做判断，就可以避免孩子发展中的失误。

六、小结

1. 完成以下教学目标

(1) 引导家长认识到孩子在中学阶段进行人生规划的重要性。

(2) 指导家长帮助孩子规划人生。

2. 教学重难点的把握

指导家长对孩子中考志愿做出正确规划和选择。

3. 结束语

因此，家长应该给自己定好职责，最大限度地给予孩子帮助，让孩子在初三冲刺阶段不走弯路，为他们今后的人生打好基础，让自己和孩子都不留下遗憾。

(作者工作单位：武汉市英格中学)

附件 1：

武汉市英格中学九（3）班学生
职业生涯规划现状调查问卷

（家长卷）

尊敬的家长：

您好！谢谢您能配合我班开展的关于学生职业生涯规划现状调查的工作。感谢您在百忙之中认真阅读，并如实填写此卷。请将您认为合适的选项填在题目前的括号中（如果没有特殊说明，请只选择一项）。此次问卷记名，便于同学生问卷进行对比，但我们将绝对为您保密！

相关链接：所谓中学生职业生涯规划，就是让中学生尽早认识自我、认识职业、认识教育与职业的关系，学会职业决策，从小根据自己感兴趣的职业目标，从知识、技能和综合素质方面锻炼自己的职业竞争力。

（　　）1. 您的孩子的性别是：

①男　　②女

（　　）2. 您的家庭中家长的最高学历是：

①高中及以下　②大专　③本科　④硕士及以上

（　　）3. 您对自己孩子学历的预期是：

①中职　②高职高专　③大学本科　④硕士及以上

（　　）4. 您的孩子和你谈过他（她）今后具体想从事的职业吗？

①有　　②没有

（　　）5. 您是否给你的孩子设计过今后所从事的职业？

①有　　②没有

（　　）6. 您给孩子设计今后所从事职业的时候，是否会考虑他（她）的兴趣爱好及特长？

①是　　②否

（　　）7. 您给孩子设计将来所从事职业的时候，是否会考虑社会发展现状及趋势？

①绝对会考虑　②可能会考虑　③可能不会考虑　④绝对不会考虑

（　　）8. 您是否考虑过有意识地培养孩子某方面的特长或能力，以应对他（她）今后的职业？

①考虑过，并这样做了　　　　②考虑过，但因为某些原因没去做

③完全没考虑

（　　）9. 您对孩子参加志愿者或社会实践活动的看法是：

①非常有必要，可以锻炼孩子的综合能力，为将来的就业做准备

②比较有必要，孩子需要锻炼，但对今后就业没有绝对帮助

③无所谓，孩子可参加可不参加，帮助不大

④没有必要，孩子现阶段只要搞好学习就好，今后就业后自然知道怎么做

（　　）10. 您觉得您的孩子属于哪种类型？

①研究型　　　②实践型　　　③服务型

附件 2：

武汉市英格中学九（3）班学生
职业生涯规划现状调查问卷

（学生卷）

亲爱的同学：

你好！谢谢你参与《学生职业生涯规划》的问卷调查工作。请认真阅读并如实填写此卷。请将你认为合适的选项填在题目前的括号中（如果没有特别说明，请只选择一个选项）。

（　　）1. 你的性别是：

①男　　②女

（　　）2. 你对自己学历的预期是：

①中职　　②高职高专　　③大学本科　　④硕士及以上

（　　）3. 你父亲所从事的职业是：

①经商　　②军人

③进城务工　　④国企事业单位工作人员

⑤其他______

（　　）4. 你考虑过今后具体想从事的职业吗？

①考虑过，非常清楚　　②想过，但不明确

③完全没考虑过

（　　）5. 你跟父母谈论过将来想从事的职业吗？

①有　　②没有

（　　）6. 你知道你的父母想要你从事的职业吗？

①知道　　②不知道

（　　）7. 你对自己的兴趣爱好和特长的看法是：

①非常清楚　　②很模糊，说不好

③没有特长

（　　）8. 你会怎样选择将来的职业？

①依照自己的兴趣和特长，做自己喜欢的工作

②按照父母的安排或建议选择专业

③能干什么工作就干什么，走一步看一步

(　　) 9. 您对参加志愿者或社会实践活动的看法是：

①非常有必要，可以锻炼综合能力，为将来的就业做准备

②比较有必要，平时需要锻炼，但对今后就业没有绝对帮助

③无所谓，可参加可不参加，对自己帮助不大

④没有必要，现阶段只要搞好学习就好，今后就业后自然知道怎么做

(　　) 10. 你认为你是哪一类型的人？

①研究型　　　②实践型　　　③服务型

附件 3：

武汉市英格中学家长学校授课反馈

家长姓名______________

本次课后，您应该会有些心得，请在课后完成以下题目：

一、选择题

1. 您了解人生规划的含义吗？（　　）

A. 非常了解　B. 一般了解　C. 不了解

2. 您会为孩子进行人生规划吗？（　　）

A. 会　　　　B. 不会

3. 您在指导孩子进行人生规划时会考虑孩子的兴趣爱好吗？（　　）

A. 会　　　　B. 不会

4. 您会整合自身的社会资源去帮助孩子规划人生吗？

A. 会　　　　B. 不会

二、简答题

5. 谈谈您这节课的收获。

6. 您准备采用哪些方法帮助孩子进行人生规划？

春风化雨　用“心”育人

蔡唯嘉

对于教育，有这样一种观点：教育的本质是一棵树摇动另一棵树，一朵云推动另一朵云，一个灵魂召唤另一个灵魂。它悄无声息，只是让走在前方的人，走好脚下的路，做好手中的事，教育和改变，就在这悄无声息中自然生发。所谓的家庭教育，从来没有立竿见影的速成技巧，而是一段春风化雨、润物无声的过程。

家庭教育即生活教育，它不是单纯的说教，为人父母，最重要的是要做到“三心”：

“平常心”——轻装上阵，创建宽松的心理环境

一直以来，“唯分数论”都是中国式家庭育儿的主流观点，有的孩子尚在嗷嗷待哺，甚至还未降临人世，新手父母们和准父母们就已经开始统筹规划，开始了五花八门的早教培训，甚至是六千多天的高考倒计时。今天的孩子，在人生的早期阶段，面对的是物质上的空前丰盈，但同时也面临着精神上的巨大压力。这代人，在马斯洛需求层次中的生存需求和安全需求方面，从一出生就得到了满足。于是他们的需求直指需求层次金字塔最高级别的“自我存在需求”，过早地思考人生的终极课题——我存在的意义是什么？他们实际上就像是关在“第三个笼子”里的老鼠，同时给予食物和电击，最后导致老鼠精神错乱。父母给予他们爱，往往是需要他们拿“名校”来回报的，一旦孩子发现自己达不到父母的期待，内心便开始做困兽之斗，这一代的孩子是自我存在需求最强烈的一代，但因为电子产品的普及和学习生活的局限，也是现实感最弱的一代人，他们很容易精神内耗，各种精神类疾病、心理问题频发。当整个社会都处在焦虑和唯分数论的大环境中，作为家长，更新人才观念，为孩子创造一个宽容、自由、平等、和谐的心理环境就尤为重要了。

首先，我们要知道，人的智力结构千差万别。加德纳的多元智能理论认为，每个人都至少具备语言智能、数理逻辑智能、音乐智能、空间智能、身体运动智能、人际交往智能、自我认识智能。每个孩子，总有自己擅长的智能领域。有的孩子擅长和数字打交道，有的孩子适合和人打交道，有的孩子喜欢和文字打交道……尺有所短，寸有所长，需要家长发掘孩子的优点，正视孩子的短处。其次，人的成长是动态发展的。基因是一颗缓释胶囊，人的生理各个部分的成熟时间也不尽相同。有的遗传性质一出生就开始显现，有的遗传基因可能要到他十几岁、二十几岁才逐渐成熟并发挥作用。十几岁时困扰我很久的数学难题，等到我二十几岁再去做时，如有神助，此时的思维力、专注力都今非昔比。人的大脑在二十几岁才趋于成熟，去要求一个尚未发育完全的大脑去达到大脑发育完全的标准，这是一件不切实际的事儿。我曾看到过家长因为辅导孩子写作业被气得心肌梗死进了医院的新闻，当孩子暂时达不到我们的期望和要求的时候，慢一点，再慢一点，教育是慢艺术，更像是农业而不是工业，上帝让我们牵着一只蜗牛散步，我们就得放慢自己的脚步，心平气和，给予他们一些成长的时间，这样的节奏也能让我们有心情、有心力去欣赏沿途的风景。我们家长自己应从焦虑中走出来，了解当代孩子心理脆弱的根源，明白社会对人才的多元需求，创造一个宽容、自由、平等、和谐的心理环境。

“狠心”——挫折教育，培养孩子适应未来的能力

塑人如同制陶，需要生活的“淬炼”，需要用力地“摔”，需要精心地“捏”，需要长久地“烧”，在经过这些磨难之后，方能成“器”。《韩非子·显学》中写道：“夫严家无悍虏，而慈母有败子。”“爱之太殷，忧之太勤。”大多数父母的问题，不是不爱，而是爱得太过，爱得小心翼翼，剥夺了孩子体验和成长的机会。不经历扑腾，永远学不会游泳；不经历风雨，永远学不会飞翔。

记得疫情来袭，全民上网课的那个时候，我们一年级班上有个叫子彦喜的小孩，跟不会电脑也不懂手机的爷爷奶奶住在一起，不知如何将作业拍照上传，不知如何电子签到打卡，不知如何进入课堂链接……她根本无法完成每天的学习任务。可是她的奶奶非常开明，每天让孩子给我打电话，陪着她一点一点地学习操作技能，在别的小朋友都还是爸爸妈妈包办操作的时候，小家伙已经能独立准确地完成我在网上发布的各种任务了，

她的成长速度是惊人的。

通过以往的从教经历，我发现了一个很有意思的规律，就是体育好的孩子，大概率上学习更好，心理和行为异常的情况也比较少。深究其原因，健身的过程能增强体魄，锻炼意志，让其具备对抗困难的能力，学会设定目标，并通过实施计划来达成目标。体育能增强人的抗挫能力，所以在家庭教育当中，我们也要利用好体育的作用，和孩子做各种亲子游戏，既增进了情感，又锻炼了身体，更锤炼了意志。

我们的孩子，等到他们步入职场，大概是十年、二十年以后了，未来是变幻莫测、不可预估的。时代在不断变化，知识在不断更新，旧有的职业有的会消亡，新的职业产生，未来社会需要什么样的人才？我们只能预测，不能断言，只有培养孩子们面对困难的乐观心态，培养孩子们逆风飞翔的能力，才能让他们适应瞬息万变的未来社会。因此，我们父母应学会放手，让孩子在风雨中历练自我。在五光十色的人生中，我们不是居高临下，而是站在孩子身旁，与他们肩并肩，为他们出谋划策，陪伴他们而不是代替他们走过人生的寒冬。

“精心”——做好自己，树立良好的榜样

父母是孩子的镜子，孩子是父母的影子。

初入杏坛之时，我特别爱看孩子离开的背影：有的脚底生风，有的步履稳重，有的鸭步鹅行……学生们的姿态千差万别，再看看家长们的步伐，仅仅是通过观察他们的行走姿态我大概率就能将孩子和家长配对起来。我想大概率没有多少家长会正儿八经地教授孩子走路的姿势，但孩子们从小跟在父母后面蹒跚学步，他们的眼睛是摄像机，他们的耳朵是录音机，走在孩子前面的那个人，在悄然之间，影响和改变着后面的人。

有一次语文课上我班的一个孩子给“中”组词，其他孩子组了“中国”“中心”“中间”……唯独一个孩子组了“红中”，后来得知这个词是他在牌桌上学会的。在这个词的背后，我看到了一对醉心于牌桌的父母。上网课的时候，这个孩子怨气冲天，在微信上给我发消息：“爸爸妈妈只知道打牌，根本不管我。”亲子关系一度降至冰点。可想而知，那段时间她的作业做得一塌糊涂，成绩一落千丈。后来我私下找到这位同学的家长了解了情况，他们平日工作繁忙，碰上疫情，只能在牌桌上减压放松。我也为人父母，深知人到中年，角色众多，在外是奋力拼搏的员工，回家是

日夜操劳的父母，很难有完全属于自己的时间。老一辈的人，带着孩子一起下地劳动，孩子能亲身经历父母的辛苦，现在的孩子，只知道父母去上班，缺乏职业体验和社会阅历，他们无法设身处地体会父母的辛劳，他们看到的只是你在家打牌、刷“抖音”、玩网游的样子。对于这种情况，我鼓励多带孩子去进行职业模拟和职业体验，帮助父母分担一些力所能及的家务，让孩子多理解父母的不易。同时，父母也要尝试转移自己的兴趣，改变减压的方式。书房就是教室，家风就是学风，想改变孩子，先改变自己。慢慢地，冰山融化，他们家的亲子关系缓和了很多，笑容又重新回到了孩子的脸上。

春风化雨，用“心”育人。家庭是孩子的第一课堂，家长是孩子的第一任老师，家庭教育离不开父母的用“心”，更离不开全社会的关注和支持。家庭教育在左，学校教育在右，全社会齐心协力，让我们共同托举孩子的未来。

（作者工作单位：蔡甸区索河街石港小学）

共建家校桥梁　共筑树人梦想

——关于《高中生选科家校共育》的教育案例

娄继聪

【背景导读】

党的十八大以来，习近平总书记多次谈到要“注重家庭、注重家教、注重家风”，强调“家庭的前途命运同国家和民族的前途命运紧密相连”。而作为一名教育工作者，站在教书育人、立德树人的角度，更能够深深体会到家庭的影响对于一个孩子健康成长、快乐学习的重要性。对于家庭而言，习近平总书记在2015年春节团拜会上的讲话中谈道：“家庭是社会的基本细胞，是人生的第一所学校。不论时代发生多大变化，不论生活格局发生多大变化，我们都要重视家庭建设，注重家庭、注重家教、注重家风，紧密结合培育和弘扬社会主义核心价值观，发扬光大中华民族传统家庭美德。”[1]“欲治其国者，先齐其家”，有什么样的家风，就有什么样的精神状态、价值追求。家庭是人生的第一所学校，家长是孩子的第一任老师，家是我们每个人最重要的精神纽带。对于学校而言，学校是教育的载体，习近平总书记在2018年9月10日全国教育大会上发表的重要讲话中谈道：“教师是人类灵魂的工程师，是人类文明的传承者，承载着传播知识、传播思想、传播真理，塑造灵魂、塑造生命、塑造新人的时代重任。”[2]无论是知识的学习还是品质的淬炼，都离不开在校生活中教师对学生的教育与引导。而对学生的培养，并不能把学校和家庭这两个板块分割开来，只在一边下功夫，只有家校共育，两头一起努力，才能为学生创造良好的成长环境，更好地促进学生健康成长。目前，“家校共育”还存在的问题有：

（1）在教育孩子方面，往往家长或教师仅依靠自己一方的力量，单打独斗。当孩子出现问题后，尽可能自己单方面解决，零沟通，零交流，其实为孩子好的目标是一致的，但往往因为这种“一人埋头苦干”的态度使事情并不向自己所期望的方向发展，甚至有时会出现学校和家长两方所施加的力量是完全相反的情况。

（2）没有找准教育孩子的方向。许多家长和教师都感叹自己明明投入了很多精力和心血，最后孩子却还是没有变化、没有进步。我们常说，当你在努力向前奔跑时，一定要先确定好方向，如果方向不对，努力跑再远，也终究无法抵达成功的终点。在孩子教育的问题上，也是同样的道理，无论是站在学校还是家长的角度，我们也都应该优先找准方向，再合力向终点目标奋进，而这个方向就是“家校共育”。

【教育案例】

近几年，武汉市对于高考采取了新的改革措施，由原先的文综或理综的考试形式变成了目前“3＋1＋2”的考试形式，即语、数、外三门加上物理或历史中任选一门学科以及化学、生物、政治、地理中任选两门学科，共6门科目进行高考计分。经过一段时间的学习后，学生会根据自己的实际情况再进行相应的选科。当时班上有一位成绩还不错的同学在快要选科的前一个月出现了极其反常的行为，物理、化学的作业几乎是空白上交。由于得不到有效训练，很快，她的理科成绩一落千丈。在和她谈话的过程中，她也只是一直道歉，称会注意调整，支支吾吾。由于该生性格内向腼腆，以往表现又都较优异，在短暂的沟通后，老师也没有做过多的批评，更多是鼓励她调整状态，有困难可以随时来找老师。本以为她会有所改变，可情况却越来越差，在课堂上从一个爱思考、积极回答问题的学生变成了一个逃避老师眼神、注意力分散的“问题学生”。她做作业只完成语、数、外三门科目。班主任介入了解后得到的反馈是家长同意她不写物理、化学作业。因为班主任已着手处理，我也没再想着找她谈话，直到有一天课间，她来找我，对我说了一句：“对不起，老师，我以后不学化学了。”说完便委屈地哭起来，在一颗颗滴落的眼泪中我也终于知道了这其中的缘由：学生的爸妈不想让她选物理和化学，认为女孩学起来比男孩吃力，而生物、历史、地理这类科目好得分，高考分数更占优势，反对她按自己的喜好选择。一开始她也反抗，可结果是家长撕碎辅导资料和作业。在一场场激烈的争论，一次次争吵、哭闹无果后，她便开始实施自己无声的抗议，故意不学政、史、地、生，用白卷和满是红叉的作业回击爸妈的专制。在安慰她并提出相关学习要求后，我和她的班主任再次商讨了这个问题，班主任由于对高考改革“3+1+2”模式的不了解，此事件一直也没有得到一个比较圆满的处理。在征得班主任的同意后，我与这名学生的妈妈取得了联系。在拨通电话之前，我在脑海里给这位家长刻画的是一副专制强势的模样，可在和学生妈妈交谈后，我发现我错了，她很关心自己孩子，她希望自己的孩子能够通过选科尽可能地让未来的路相对轻松平坦，亲戚朋友家里从事化工、机械行业的孩子，学习压力很大不说，工作后的工作环境也很艰苦。在了解了这位妈妈的想法后，我没有急于给出自己的意见，而是借助图文资料详细地和她讲解了高考新改革的具体变化以及对学生的影响。随后，我与这名学生再次进行了沟通，向她说明了家长的想法后，引导她说出自己对于学科学习以及未来专业选择方面的想法。整理好双方想法后，我再次给这位妈妈拨通了电话，这次我给这位家长讲解了选科对未来孩子选专业、就业等造成的影响以及不同类型的学生该如何科学选科的情况，如何做到最大化发挥自己的优势，最重要的是我和这位妈妈分享了孩子心里最真实的想法。这位所谓“强势专制”的妈妈听完后并没有反驳，感谢老师后，称会和孩子以及孩子爸爸一起商量商量。经过这件事，那个上课积极思考、作业次次满分的她又回来了。我相信，未来她的爸爸妈妈一定会多与她沟通交流，在学习上通过沟通来给她助力。

【案例反思】

通过这件高考选科的事例，让我对目前“家校共育”存在的意义及其中存在的问题有了深深的思考。一方面，家长认为自己的孩子学不好理科，选择物理、化学就意味着要走更多的弯路，家长有错吗？其实也没有。很多家长对于学校的教育、课程其实并不了解，信息来源多来自听朋友说，竞争异常激烈的高考，原本就让家长焦虑得喘不过气，更别说对新政策去积极理解，家长在慌乱中，只能去寻找自己认为是对孩子最好、对孩子未来发展最有帮助的办法，然后强加在孩子身上。更重要的是，家长不了解学生在学校的表现，不了解自己孩子对于学习的实际状态与想法。另一方面，老师仅在校园里和课堂上与孩子有着有效沟通与接触，却不了解学生在家的学习情况以及家长对学生的要求与期望，只能通过学生在学校的表现进行评估。家长和老师双方对孩子的教育出发点都是为学生好，但往往因为信息不互通，双方没能达成一定的共识。而“家校共育”其实更像一座桥梁，连接家长和学校，有了这座桥梁的互通，学生才能站在高处更好地学习和发展。案例中的选科问题最后算比较圆满地得到了解决，学生选择了自己喜欢的物理、化学，家长也明白了选科不仅仅是分数上的影响，现在全力支持学生对于理科的选择。但通过对这件事的处理，我也反思了在“家校共育”方面可以做得更好的地方：

（1）注重及时搭建“家校共育”的桥梁。在该事例中，这名学生出现问题后经过快一个半月的时间，我才了解到其中真正的缘由。若能早些发现问题，及时和家长沟通，共同解决好问题，该生就不会白白浪费这段宝贵的时间。由于我只是该生的化学老师，一开始把责任更多地聚焦在了介入处理的班主任身上，忽略了自己也是“家校共育”中的一分子，但对于高考新改革，特别是其对化学学科的影响，其实作为化学老师的我是最了解的，由我来做讲解说明，可以让家长更好地了解改革对学生的影响。当家长了解孩子的学习情况，教师了解家长的想法和学生的心理后，便可促进两方形成合力，将“家校共育”的优势达到最大化。

（2）注重合理运用多种促成“家校共育”的方法。随着“互联网＋”时代的来临，教师可选择更多的方式来实现家校之间的信息传递，例如该事例中的家长主要是因为不了解高考改革后各科目的变化，仅从学科难度及分数方面考虑选科问题。家长对于高考改革信息的获取往往找不到渠道，这时候如果教师可以采用不同的渠道，例如微信推送、文章宣传等互联网手段向家长推广科普，全方位促成“家校共育”，可更好地让家长了解学生，为孩子规划更适合的未来。

选科固然重要，但在这个事例中，能够让家长走进孩子的内心世界，同时也能让孩子明白爸爸妈妈对自己的爱，能让家庭了解教育形式发展的方向，“家校”共同努力，三方共同进步，寻找到最合适的方向，感受到彼此的努力与关心，认识到合力而行的意义，这远远超过了选科这道选择题本身的意义。

新的时代，新的征程，新的起点。让我们快速有效地构建“家校共育”的桥梁，利用多种途径向家长群体介绍目前教育改革的新政策、新变化，让家长更加了解教育，更加了解孩子的处境；通过家长的反馈也能让老师知道家长的想法以及学生在家的学习状态。“家校共育”有助于家长了解学生在学校的表现，促进学校和家庭之间的信息交流；有助于学校及时调整对学生的培养方式，更大限度激发学生潜能；有助于学生养成良好的习惯，大家心往一处想，劲往一处使，让我们使用好“家校合力”的平台，助力孩子成长！

参考文献：

［1］习近平：在2015年春节团拜会上的讲话［EB/OL］.（2015-02-17）［2020-01-15］http://www.gov.cn/xinwen/2015-02/17/content_2820563.htm.

［2］习近平出席全国教育大会并发表重要讲话［EB/OL］.（2018-09-10）［2020-01-16］http://www.gov.cn/xinwen/2018-09/10/content_5320835.htm.

（作者工作单位：武汉市中法新城外国语学校）

用爱浇灌　用心呵护　陪孩子终身成长

刘锦菊

父母是孩子的镜子，孩子是父母的影子。我们都知道，家庭是人生的第一个课堂，父母是孩子们的第一任老师，家庭教育与我们每个人都息息相关。随着我国社会经济的快速发展，现代化、全球化的思想碰撞使得人们的思维方式和生活方式发生了巨大的改变，传统的家庭教育也在适应中不断变化，新时代家庭教育的重要性更是不容小觑，越来越多的家长们在积极探讨如何成为一个合格的父母，让孩子能够健康、快乐、积极向上地成长。

新时代需要新理念、新目标、新作为，我们正处在这个新时代，社会的发展需要更多的创新人才。基于对人才的极度渴求，我们家庭、学校和社会的教育也需要与时俱进，越来越多的人也意识到家庭教育的重要性，家庭教育中父母的关爱和陪伴可以改变一个孩子的未来，这一点让我印象深刻，特将此案例分享给大家。

【案例背景】

我们班有个学生乐乐（化名），人很活泼，和班上同学的关系处理得也很好，也特别聪明，题目难时可以考九十多分，但有时题目简单时却也只能考七十多分，原因就是平时不爱做作业，爱耍小聪明。乐乐会找各种各样的理由来说明为什么不做作业，我和他说了很多次，可是效果并不是很明显。

在这样的情况下，我进一步加深了对他的了解，原来是因为爸爸妈妈长期在外面工作，留下了爷爷奶奶照顾他，平时老人家对这个孙子特别宠爱，基本上是有求必应。爷爷奶奶把乐乐的生活照顾得很好，可是两个老人对孩子学习上的事完全没办法帮忙，只能每天叮嘱他要好好学习、认真做作业。疫情期间在家，乐乐有了手机、平板等电子设备，有的时候会趁着爷爷奶奶不注意偷偷玩手机、打游戏，甚至半夜起来玩手机，导致精神状态不好，容易打瞌睡，作业自然就没有按时完成。

了解到了这些情况之后，我就试图和乐乐的爸爸妈妈沟通，乐乐的爸爸妈妈平时忙于工作，为了给他提供一个良好的生活条件，他们一年只回来一次。远离了父爱母爱的留守儿童确实是非常需要爸爸妈妈的陪伴和关爱，可他妈妈之前在家也是忙自己的工作，或是玩手机、打牌等等，并没有用太多的时间来管教孩子。我和他妈妈说了几次之后，家长也慢慢意识到事情的重要性，于是决定暂时放下繁忙的工作回来处理好这些问题。

【问题应对措施】

面对很多的年轻父母不知道该怎么样来更好地教育孩子的问题，我们学校制订了针对性的家庭教育工作方案。平时利用开家长会的机会，请一些家长分享成功的家庭教育经验，或让家长们提出一些家庭教育方面的困惑，大家一起讨论出谋划策，几次活动下来，让家长们明白了家庭教育的职责不容忽视，引导家长们树立正确的家庭教育观念，帮助大家掌握科学的教育方法。小学阶段的家长们需要督促孩子坚持锻炼，掌握自我保护的知识和基本的自救技能；鼓励孩子参与劳动，养成良好的生活习惯和学习习惯等；引导孩子要学会感恩父母，珍惜时光，诚实为人，诚实做事。

在学校和家长们的共同努力之下，我们班大部分学生都有了明显的变化。乐乐之前不爱做作业的坏习惯也改过来了，每天他做作业的时候，妈妈就在旁边看书陪着他。作业做完后乐乐会主动地交给妈妈检查，并且拍照上传到微信群。教师及时批改反馈，家长又适时地进行辅导，效果很好。他妈妈告诉我们，自己的以身作则让乐乐有了很大的变化，生活自理的能力和专注力也有很大的提高，乐乐看到妈妈也在认真看书，竟然也可以津津有味地抱起一本书阅读。因为家长的陪伴，他的成绩进步了许多，学习态度也端正了起来，我在班上也时不时地表扬他，他学习起来更起劲了。

【案例分析】

在上面这个案例中，从做作业拖拉到认真完成作业，乐乐的转变得益于家长和学校的付出。他妈妈在谈教育经验的时候告诉我们："孩子的成长太需要家庭教育了，不能一味地自己做甩手掌柜，只让老师管教孩子。要给孩子树立一个好的榜样，通过生活的小细节来教他做人做事，同时对待孩子要有耐心。”她的一番话让人印象深刻，乐乐的改变也让我们更深地体会到了家庭教育的不可或缺。作为教师，我们需要做的就是，引导家长明白自身的责任重大，并且能用小孩子接受的方式进行教育，构建良好的家庭关系。上述案例中，妈妈以前和乐乐的相处模式主要是命令式的，随着年龄增长孩子可能就有些抵触命令式的教育了，现在两个人能够好好地沟通，相互尊重，相处融洽，成为可以说心里话的好朋友。

【案例反思】

1. 学会用欣赏的、发展的眼光看待孩子

每个孩子都有自己的长处和短处，每个孩子都是不同的，有的天资聪颖，有的学习速度很快，而有的反应较慢，做事情拖拉。我们家长不能以成绩作为唯一标准来衡量孩子是否优秀，学会欣赏孩子，善于发现他们的优点并且加以引导，不要拿孩子的缺点去和别人的优点相比较，每个孩子都是独一无二的。学会用发展的眼光看待孩子，孩子们在不断地成长，每天的认知也在不断地变化，赏识是肯定一个人的表现，欣赏不代表不切实际的夸奖，而是从内心深处对孩子的支持，这种力量将会支撑着孩子克服成长路上一个又一个的困难。

2. 学会及时和孩子沟通，了解他们内心的想法

好沟通都是听出来的，我们家长需要学会有效地和孩子沟通，乐于倾听孩子们的心声就显得尤为重要。在试图了解了对方的想法之后，建立在理解基础之上的沟通才是真正的沟通。很多时候沟通好了，难题也就迎刃而解了。案例中的家长之前总是责怪孩子，经过一番与孩子的促膝长谈后，慢慢地明白了孩子的想法，顺着孩子的想法去解决问题，往往就事半功倍了。

3. 尊重和表扬孩子，帮助孩子们建立自信心

我们要允许孩子发表自己的观点，大胆地说出自己的想法。孩子们的创意很多，当他们说的意见很有道理的时候，我们需要给予积极的回应，并且应该学会放大孩子的优点。每个孩子都有自己的想法和对世界的理解，要学会站在孩子的角度去看待孩子的行为习惯，理解、包容他们，用尊重和爱去帮助他们建立自信心，让他们从容地面对成长中遇到的挫折。

4. 培养孩子们的兴趣，乐于学习的孩子一定可以学得好

兴趣是最好的老师，当孩子碰到特别感兴趣的事的时候，他们的专注

力会有很大的提升，家长需要好好地引导孩子让他们坚持下去，时时鼓励，当他们的成就感大于挫败感，便会投入很大的时间和精力将事情做好。

5. 言传身教，营造浓厚的家庭氛围，陪伴孩子一起成长

小学阶段的孩子善于模仿，言传身教是最好的教育方式，言传是学会和孩子沟通；身教就是以身作则，给孩子做出榜样，父母先做好自己的事，孩子看到了才会有体会，有感受。有人说过："你希望孩子成为什么样的人，你就首先要去做一个什么样的人。"还记得小时候电视台播放的一则公益性广告：妈妈帮小男孩洗完脚之后叫孩子先去休息，随后又去帮自己的妈妈泡脚，这个时候小男孩在房门口看到了这一幕，于是，小男孩端着一盆水过来说："妈妈，洗脚。"这个经典的画面让我印象深刻。家庭教育的潜移默化让我们更加重视，需要给孩子一个好的家庭氛围，让孩子在积极向上的环境中成长。

家长陪伴孩子的形式可以多样化，可以陪他一起看书、练字，培养他的专注力；也可以一起参加体育锻炼，让他明白身体是革命的本钱；还可以一起做家务，体会付出之后的收获最幸福。从生活的点滴去让孩子感受，父母也在陪伴孩子终身成长！

每个孩子都是独一无二的，让孩子在学校得到最好的知识教育，在家庭里得到最好的人格教育。家庭教育影响孩子的未来，学会用爱和责任呵护孩子，用欣赏的眼光看待孩子，好好地和孩子沟通，知道他们心中所想，言传身教，陪伴孩子终身成长。

（作者工作单位：黄冈市黄梅县新开镇团洲中心小学）

爱——打开农村留守儿童心灵的钥匙

陈伟龙

众所周知，教育一个孩子，能够引领一个家庭，甚至影响整个社会。父母是孩子的第一任教师，因此对于孩子来说，家庭教育尤为重要，对孩子的性格养成及道德意识的培养将起到至关重要的作用。

随着社会的进步，国家对于教育的问题越来越重视，农村的教育环境也逐步得到改善。人们越来越认识到家庭教育特别是早期家庭教育的重要性。但是在贫困农村地区，由于经济水平与教育观念都比较落后，形成了学校教育得到发展，但是家庭教育却严重滞后的局面。特别是农村地区的一些特殊家庭，由于家庭的破碎，单亲留守儿童无论是身体上还是心理上都受到了极大的影响。

对于一名在农村教学一线战斗的老师来说，学生群体中单亲家庭以及离异家庭的学生是最让人头疼的。由于他们家庭结构的特殊性，在教育等诸多问题上也有特殊性。离异家庭中最大的受害者是失去父母爱护的孩子，无论是在家庭还是在学校，他们都是弱小且缺乏关注的。大部分的学生都存在严重的心理问题。

【案例一】夏吉，男，小学五年级。在他九岁时，父母离异。从此，他和爷爷、爸爸、姐姐一起生活。爸爸常年在外务工，姐姐在外读书。爷爷在家照顾他的生活起居。他的学习成绩优异，但是性格比较内向。在我刚开始担任他们班班主任的时候，我对他还不太了解。一天早上，有同学在教室里捡到钱交到了我的手上，我在班级里询问这是谁掉的钱，并没有人过来认领。一直到了晚上快放学的时候，才有班上的同学来对我说，这是夏吉同学掉的钱。后来我单独把他找来询问，他也承认是他自己掉的钱，但是他不敢来找我认领。本来是一件小小的事，但是在他心里却成了莫大的难题。我十分不理解，于是从这天起我开始暗中观察他。我发现，他在学校里，总是闷闷不乐。与同学间的交流并不多，班级集体活动他也不怎么参加，大多时候是在一旁默默地看着。我逐渐窥探到他内心的自卑、敏感。我觉得我必须试着去改变他。

（一）了解学生的现状

首先我第一时间打电话给孩子的爸爸了解情况。对于老师的来电，爸爸似乎并不惊讶，也没有疑问。而在我不断地询问之下，我并没有感受到他对于自己孩子的任何关心，而是迫不及待地想挂掉电话，转身去工作。他认为，相对于孩子的教育问题，解决家庭的经济问题才应该是他的首要任务。况且自己出门在外，没有过多的时间和精力去照顾孩子，更别说去考虑孩子的心理感受了。

通过这次通话，我逐渐感受到了夏吉的家庭对他的忽视。我利用下班时间去他家里进行家访，想从孩子爷爷那里知道孩子更多的信息。但是等我去了夏吉家里之后发现他爷爷身体不好，虽然有心关心孙子，但自己能做的并不多。生活在这样一个极度缺爱的家庭，我逐渐开始明白了孩子内心的自卑与敏感是如何形成的。难道在这个家庭里面就没有一个人可以给予他关心，给予他爱护吗？

（二）打开孩子的内心

父母离异的现实环境和被家庭忽略的氛围，常常使得孩子变得沉默。虽然学习用功，但是在现实生活中不愿与人沟通，这样极容易形成自闭心理，对未来的发展，有百害而无一利。

我开始利用课余时间和夏吉谈话，主动和他谈心，鼓励他说出心里话，甚至利用一些话语释放出他心中的委屈，再通过引导使他心理上变得平衡。好在我对他的苦心没有白费，夏吉和我开始亲近了起来。在这个过程中，我了解到夏吉家里面还有一位姐姐，对他是关心和爱护的。但是由于姐姐年纪不大，又在外求学，也时常照顾不了他。后来我联系上了姐姐，跟她分析了夏吉的情况。姐姐表示愿意和我一起给孩子带来一些改变。

（三）从学生需求出发

我开始和姐姐“里应外合”，从学校到家庭一起试着改变孩子被忽略的处境。

(1) 带他交朋友。

私底下我找来了班级干部，了解了夏吉没有朋友的原因，一起计划让他融入班级。我们一起组建了语文课小组，在课上小组成员一起团结合作，解决难题。由于他成绩优异，同学们都愿意和他组成一组。再加上班干部的引领，很快，他就能和同学们进行一些正常的交流了，慢慢地他们一起玩耍起来。在学习和玩耍中感受到孩子该有的快乐，也能减少负面情绪的积压。

(2) 经常谈心，时刻关注变化。

学生的心理总是反复的。为了让他得到彻底的改变，我经常找他谈心，时刻关注他的变化。今年疫情期间，学校开始安排上网课，利用一些软件给学生布置作业。但是我发现他经常上网课的时候不在，作业又不交，这对于他来说是一个不太正常的现象。于是我联系上了他的姐姐，原来，家里只有爸爸有智能手机，但是爸爸经常因为工作需要用到手机而忽略了孩子学习的需求。两个人之间的不亲近，让他没有办法跟爸爸说出口，爸爸的冷漠更让他望而却步。

于是我利用解决网课难题的借口，时常给他的爸爸打电话，了解夏吉的网课学习情况。多次的沟通之后，我发现他的爸爸对他也并不是完全忽略的态度，而是有心接近却不知如何开口、如何做。在我的鼓励与支招之下，他爸爸为他买了一部智能手机，专门用来学习。并且我每天安排家长给学生检查作业，利用这个机会，让他们俩开始有了交流。慢慢地，他的姐姐也向我反映，两个人的关系好像拉近了不少，不再是坐在一起也不说话，一个疏离、一个惧怕的态度了。

在我们多方的共同努力之下，孩子的家庭生活氛围得到了改变。在学校的交友环境也有了改变，因为他成绩优异，经常在班里帮别的同学解决问题，大家也都很喜欢他。我们都感到很欣慰。

【案例二】夏硕，男，小学五年级。在我的班级里，离异留守儿童不是只有一位，还有另一个让我头疼的存在。同样是离异家庭，他则是另一个极端性格的存在。我最早关注的就是他，相对于自卑、敏感的夏吉，他的心里充满了憎恨，脾气暴躁，容易激动。夏硕内心敏感，对周围的人存在十分强烈的排斥行为，不相信同学，也不相信老师。别人善意的举动，却被他看成是恶意的挑衅。他在班级里经常做一些带有恶作剧色彩的行为，并以此为乐。

刚开始接手这个班级的时候，他对我表示出十分明显的敌意。我十分不明白，还经常试图找他聊一聊天，但是我一走到他面前，他就跑，拒绝与我接触。上课时想鼓励一下他，点他回答问题，他也不服从，坐在座位上不起来。我悄悄地询问班级上的其他同学，他们表示这位同学一直是这样的态度。

我相信，一个人的转变总是需要理由的，但无缘无故对老师的敌意，也需要一个充足的理由。一次，他早上没有来学校，也并没有向任何一位老师请假。我正准备给他的爷爷打电话，就发现他已经到学校了，却站在校园里死活不上楼。我正想着上去劝解，他的爷爷就爆发了，拿着一根手腕粗的棍子直接打在他的身上。我第一次见识到这种教育方式，也让我明白了他对学校、对老师的抗拒是从何而来。“棍棒底下出孝子”的这一套理论在这个家里并不适用，反而会导致孩子的压抑性格，甚至产生抵触心理，等他长到一定的年纪就会做出反抗的行为。

(1) 改变家长教育观念。

我请他的爷爷先离开，然后慢慢地开导他，并向他保证以后他的爷爷再也不会不分青红皂白地去打他了，他才跟着我进了教室。下课了，我马上和他的爷爷打电话，与他沟通这件事情，他的爷爷也知道自己的教育方法不合适，但是面对孙子的倔脾气，还是时常控制不住自己。

第二天，我再次请他的爷爷到学校来，想与他讲清楚，让孩子爷爷明白这种教育方式的危害。这才让爷爷答应再也不打孩子了，并对着孩子做出了承诺。

宁静的日子持续了两个星期。一天，我刚走到办公室，就又接到了夏硕爷爷的电话，说走到一半夏硕又不肯来学校了。于是我连忙跑出去，在学校外面见到了他。周围的人看见他站在街上不肯去学校，都指指点点起来，孩子很明显一副赌气的样子。于是我过去和他说起了悄悄话。问了半天才知道，原来他刚才摔了一跤，而他的裤子、衣服里面全部都湿掉了。他穿着深色衣服，看不出来。他的爷爷一直坚持要他去学校，但他穿着湿衣服很不舒服。我了解了事情原委之后，跟他的爷爷复述了一遍，然后请他的爷爷带他回家换衣服再赶过来。

到了课间，我又立马给夏硕打了一个电话，问他衣服换好了没有，手上身上受伤了没有。听到我的关心他很开心，跟我说他已经换好了，马上就会到学校里来。解决完了这件事情以后，爷爷很感激我，说平时孙子都不会跟他说这些，他也向我保证，以后无论怎样都会忍住脾气，先冷静下来，再来解决事情。

夏硕与爷爷之间的矛盾算是彻底解决了。但是在学校与同学之间的矛盾，却还未解决。夏硕总是很容易和同学产生矛盾、不合群，没有其他同龄学生该有的活泼，每天都是默默地独来独往，别的同学在玩时，他就坐在旁边看着。

(2) 争取父母的协助。

自从我和他亲近了一些之后，我就时常来找他聊天。我问他想不想和同学们一起玩，他表现的是很不屑的态度，并且嘲笑学生玩的游戏幼稚。我联系上了他在外工作的爸爸，但是爸爸长期在外，对孩子的学校生活并没有多少具体的了解，都是孩子的妈妈从小一直照顾。我提出与孩子妈妈进行沟通却被拒绝，我不甘心，多次进行家访与孩子爷爷讲清楚利害关系，终于得到了同意。随后我与夏硕的妈妈进行了沟通，了解了他的过去，发现他是在知道父母离异后才逐步形成这样的性格。

离异家庭对孩子的伤害是不可估量的，即使慢慢与他亲近，他也很难与我谈论这些事情。但只要父母有一方在家，他就会变得非常乖巧，在学校笑容也会更多。追根究底是缺少父母的关爱，父母离异时没有注重及时对孩子进行心理疏导。好在他的父母都是通情达理的人，多次沟通后虽然还是无法长期陪在他的身边，但是都表示有空就回来多多地陪孩子。在后续的跟进中，他们也确实都做到了。

总而言之，对待农村留守儿童这个特殊群体，只要保持耐心、细心、有爱心，总会给学生带来些许改变。用爱的语言打开孩子心灵的窗户，用爱的行动传递温情，引导他们走向正确的道路，能使他们重拾信心，让他们和其他孩子一样愉快、健康地成长。

（作者工作单位：黄冈市罗田县大崎镇李婆墩小学）

特殊时期搭建沟通心桥，家校携手提升育人实效

吴　俊

2020 年注定是让全世界都终生铭记的一年。新冠肺炎疫情席卷全球，武汉处于抗疫前线。寒假延迟，开学无期，家长焦虑，学生茫然。我们教师虽不能像白衣天使一样战斗在抗疫的第一线，但在这个特殊时期也可以用特殊的方式，坚守自己的阵地。

由于疫情防控，我们居家学习与生活已有 2 个月之久。说真的，一开始接到开展线上教学的通知时，我心中既有困惑又有担忧。困惑的是，线上教学这个领域，我从未涉足过，该如何去开展？担忧的是，孩子们的学习模式发生了全新的变化，地点从教室转换到了家里，离开了老师的视线，没有了老师的监督，线上教学能有效进行吗？

苏霍姆林斯基曾经强调："没有家庭教育的学校教育和没有学校教育的家庭教育，都不可能完成培养人这一极其细致而复杂的任务。"这一句话道出了家校合作的重要性，也给困惑的我指明了方向。现如今疫情防控时期的居家线上学习更需要家长们的关注和积极参与，怎样使家校合作发挥最大效用，使居家学习更高效呢？一切从沟通开始。

一、线上沟通应遵循的两大基本原则

（一）尊重原则

尊重家长是家校沟通的前提，不可因家长社会地位、经济条件、文化素质的差异而区别对待。与家长沟通时，以平等的态度来对待家长，切不可犯居高临下的毛病，要耐心、虚心、诚心地听取家长合理、有益的建议，努力营造和谐、轻松、愉快的交流环境。

线上学习一段时间后，我发现班上的小茹同学经常不在线，旷课且不交作业。看到班上同学的签名打卡情况，我当时很生气，准备在班级群里

狠狠地批评她的家长一通。正准备要把消息发出去的瞬间，我冷静了下来，回想平常在校学习期间，这可是一个从不让老师操心的女孩，这是怎么了？我赶紧给小茹妈妈私发了一条信息：小茹线上学习有什么困难吗？最近缺勤次数较多，如果有困难请告诉我。从她妈妈回复的信息中，我才得知是小茹家姐妹3人都要在上午同一时间上线上课程，家里爸爸、妈妈也只有两部手机，不够用，非常时期想买都没得买，姐妹们为这个事天天吵闹，小茹是老大，受了很多委屈。怎么解决这个困难呢？我把这个情况告诉了家长委员会的家长们，我想集集体智慧之力，共同商讨对策。大家提出建议：吴老师，你的线上数学大课，能否调整一下时间？错开上午用网的高峰期，孩子的这个问题就解决了。是呀，即使是线上教学，也不能落下一个学生。我接受了家长们的建议，班上的数学课改在下午3:00开始，之后班上的线上课的出勤率天天是百分之百。

（二）协作原则

老师不要把家长当作投诉部门，孩子一出现状况便一股脑地投诉给家长，要把家长看成是我们天然的同盟军，把他们当成我们最好的盟友。

线上教学准备初期，我在群里写了一份公告：各位家长，大疫当前，我们每个人都卷进了这一场始料不及的漩涡中。城市按下了暂停键，春天放慢了她的脚步。如今我们只能宅在家中，隔绝病毒的侵扰。隔离不隔爱，停课不停学。线上学习，对没有经验的我们来说也是困难重重，但我相信只要你们（家长）、我们（老师）、他们（孩子们）齐心协力，无论大家身在何处，我们都能创造出最高质量的课堂。家长们回复的一条条“一定全力配合”的信息，让我信心倍增。只要我们团结家长，获得了认同，有了共鸣，就一定能实现我们共同的目标。这座以诚相待架起的沟通的桥梁是最坚实的桥梁。

二、线上沟通的三个主要途径

（一）精心组织好家长会

为保证线上教学顺利进行，我利用“腾讯课堂”召开了一次别具一格的线上家长会。2月8日第一次家长会上，我指导家长如何支持、配合孩子居家学习，并提出要求，告诉家长监督与陪伴尤为重要，居家学习过程中高质量的陪伴是最好的课程。然后给家长群发“居家学习包”，其中包括班级课程表、作息时间表、居家学习家庭承诺书。作息时间表和居家学习家庭承诺书要家长和孩子共同商量，一起制订，一起签署。随后对48位家长统一进行了线上教学的模拟操作培训。这样的远程沟通调动了家长参与的积极性，为线上教学的顺利开展奠定了基础。

（二）运用现代通信手段增加联络

我的数学线上课程是在QQ直播间里进行的，作业也是通过“QQ作业”这个小程序来布置、上传与批改。QQ群基本上都被孩子们占用了，与家长们联系用得多的则是微信。孩子学习上的一些问题，我就利用微信与家长及时沟通、及时反馈。记得上完“圆柱的体积”这节课之后，我布置了一次练习，小洲同学的错误较多。我把批改的图片发给她妈妈，让她不要对孩子发火，随后与小洲视频通话，给予一对一的指导，分析她的错误，叮嘱她改正错题。孩子一会儿就把改正的照片发给我。一道题我耐心地给她纠正了3次，直到第4次才改正确。小洲妈妈心存感谢又觉得惭愧。她说，吴老师的这次视频通话，让他们觉得和老师就像一家人，让他们感受到一起努力的温暖，让他们看到协同合作的力量。

（三）适时线上家访

民民同学上课时，我每次点名连麦回答问题，都半天没反应，有时连线了也回答得不知所措，这说明他听讲很不专注。我利用周末与家长进行了线上家访。我先让民民自己向我介绍他在家上课学习的环境以及上课时家里人都在干什么。看到他家的环境，我找到了问题的根源。我跟家长提出了我的一些专业性建议：首先，注重线上学习的仪式感，一定要穿戴整齐，不能穿睡衣。其次，布置一个清静的学习环境，最好在独立的房间里上课，家里其他人此时不要看电视，减少噪声，另外家长要悄悄地观察，适时提醒。最后，最重要的一点就是课前做好准备，听课要做笔记。经过这次线上家访，民民改变特别大，上课时总能积极主动地连麦发言。

三、沟通的四字秘诀——“心”“安”“理”“得”

（一）要用“心”而为

班上有三位同学一直被封锁在外地，当看到班上其他孩子领了新书，家长和孩子心里都挺着急，因为这是小学的最后一个学期，马上要升初中，家长都很重视。我主动提出让家长把他们的地址通过微信发给我，我用顺丰给他们快递过去。家长们打电话说：“吴老师，你真是个用心又暖心的好老师，急我们家长之所急，想我们家长之所想。”

（二）营造沟通的“安”全温馨的氛围

疫情期间，孩子的心理健康问题不容忽视，每位教师应把孩子的身心健康放在第一位。我把我的手机号码公布在微信群里，也告诉了每个学生：我的号码就是“线上感情专线”，任何时候有任何问题都可以拨打。一天晚上，熙熙的妈妈拨通了我的“线上感情专线”，向我吐露了心里的烦恼。孩子在这个特殊时期有了洁癖的倾向，做出了很多让人气恼的举动：手洗得裂口，冲洗书本和笔，手机也因冲水坏掉了，一天换一次床单，拒绝与家人发生近距离接触。我得知情况后，查阅了一些专业资料，做好了充足的功课，与熙熙进行了单独的秘密的连线，以朋友、知己的身份交心，并保证为他保密。我循循善诱，给他进行了防护知识的讲解、心理健康的疏导，引导他健康、积极、阳光地面对疫情。营造出沟通的安全温馨氛围，交流的双方才会敞开心扉，使沟通达到事半功倍的效果。

（三）事事在“理”

小俊是班上出了名的迟到大王，线上上课在家不用赶路，仍是摘不了“迟到大王”的头衔，我觉得这个问题的关键在家长。我从网上找到了一首小诗推荐给小俊的妈妈，并跟她聊起了关于孩子自律的问题，邀请她跟孩子们一起上了一节关于自律的班会课。活动结束后，小俊妈妈诚恳地做了自我批评，并严肃认真地写了一封自责书，与儿子达成互相监督、共同改变的协议。家校沟通最关键的是解决问题，老师切不可抱怨、训斥家长，一定要站在学生成长的角度思考，才会引起家长的自我反思和觉醒。

附小诗：

任何一个优秀的孩子，都不是横空出世的奇迹，而是有迹可循的因果。

他的因，在家庭，他的根，在父母。

一个家庭的格局，就是教育的根。

父母就是叶，用自我成长来影响孩子。

最后孩子努力生长，才能开出美丽的花朵。

让我们一起怀着希望，拥抱暖意，不负春光。

没有一个冬天不可逾越，没有一个春天不如约而至，愿每一个孩子归来时，都已茁壮成长。

（四）不断总结心“得”

在与家长交流沟通时，发现典型问题及时总结，把心得经验与大家分享。一周的学习结束，我会制作一周班级光荣榜。听讲专心、作业完成认真的孩子名字都会上班级光荣榜，我还让优秀家长代表在群里分享居家陪伴的妙招，给这些家长、孩子颁发漂亮的电子奖状。

总之，用尊重让家长协助你，用行动让家长理解你，用才华让家长佩服你，用爱心让家长信任你，用真诚让家长平视你。这样形成的家校合力才是最完美的教育，我相信只要架起了这样一座心桥，必定迎来疫情之下居家学习家校共育的春天。

（作者工作单位：武穴市师范附属小学）

幼儿分离焦虑的家庭巧应对

倪玉兰

对于从未独自离开过家庭的低幼儿童来说，进入幼儿园，是他们走向社会的第一步，他们要在一个新的环境中与一批陌生人相处，这是他们从未经历过的生活体验。大多数孩子会以各种方式拒绝成人的这一系列安排，最常见的方式是哭闹、死死抱住家长不愿分开，做家长的看到如此场面，一定十分揪心。

> 孩子第一天上幼儿园一位妈妈的感受：我家宝宝现在两岁九个月了，第一天早上送去上幼儿园后没命地哭，我看了也心疼地哭。中午下班，我到幼儿园里去看，教室里面拉着窗帘，往里一看，教室里都成哭海了，孩子们都在那里哭。正好一位老师出来，说孩子们刚吃完饭，要睡觉了，然后主动问我要不要接孩子走，今天看样子也没吃饱。我表示可以后老师就把宝宝带出来了。我家那宝贝呀，还抽泣着给老师说“再见”，对我说：“妈妈，我下班了，要回家了。”这就是我们在幼儿园的第一天。听老师说，孩子早上刚到幼儿园的时候只哭了一会儿，上午还玩得很好，可中午后就“大雨滂沱”了。我们回家和他讲道理也没用，该怎么办呀？唉，可怜天下父母心，现在终于体会到了。

应对策略一：入园前了解幼儿园

家长对于孩子入园的态度和言行，直接影响孩子入园时的情绪，也直接影响孩子适应幼儿园时间的长短。因此，在开学前夕作为家长很有必要去了解幼儿在园的一日生活及各环节流程，明白孩子的哭闹现象是很正常的行为。年轻的父母们在做好充分的思想准备的同时，也做好孩子爷爷奶奶的思想工作，要求全家都坚持送幼儿入园，只要把第一周的艰难日子度过，我们的宝宝才有可能很快就适应好幼儿园的生活。

1. 给她一个“可爱的幼儿园”“老师像妈妈”的感知

可以买喜欢的或介绍幼儿园一类的图书给宝宝看，里面有做游戏、讲故事以及老师给宝宝穿衣之类的图片，让幼儿对幼儿园有个大概的认知。

2. 入园前让宝宝熟悉幼儿园的环境

家长参加宝宝入园前的家长会时，用相机把宝宝班级里的景象都拍下来，不要放过任何一个角落：玩具角、置物篮、厕所等。当然最重要的是把老师笑眯眯的样子拍下来，让宝宝在入园前已经对老师、对班级有所认识，增强她入园后的熟识感和兴奋感。

3. 让幼儿对幼儿园有一个正确的期待

不要把去幼儿园当作训斥宝宝的惩罚，但也不要夸大幼儿园，以免宝宝入园后发现和他原来期望的想象偏差太大，反而不想再去幼儿园了。

4. 送完宝宝及时离开

妈妈把宝宝送入幼儿园后立即要离去，切不可一步三回头，这样宝宝反而要哇哇大哭。其实，等妈妈走了之后，大部分宝宝马上就会停止哭泣，一会儿就会和小朋友们玩成一片。

应对策略二：相信孩子有能力适应新生活

孩子的适应能力，远比成人估计的要高得多。孩子在入园的初期阶段，由于离开朝夕相处的亲人而极易产生分离焦虑。但他们很快会采取措施，在抗拒与妥协中找到心理平衡。建议家长送完孩子不要在窗外或门外张望，或在教室里长时间逗留，这样会让孩子情绪不稳定，哭闹得更厉害。随着时间的推移，分离后的重逢，使得他们很快就会消除分离焦虑；对环境的不断熟悉，也使得他们有能力接受与伙伴的交往，适应幼儿园的生活。

1. 信任老师

将幼小的孩子托付给一些陌生的幼儿园教师，许多家长自然不那么放心，尤其是对孩子照顾无微不至的祖父母们，他们担心孩子的需要得不到及时的满足。由于对教师还缺乏信任，一些家长会将自己的不安有意无意地流露出来。孩子是很敏感的，他们极易受到暗示，成人的不安更会加深他们对上幼儿园的恐惧。

2. 给孩子一份安心

孩子年龄小，他们缺乏独自离开亲人的经验，所以他们害怕与亲人分离，担心离别后就再也见不到自己的亲人了，一些孩子甚至担心爸爸、妈妈、爷爷、奶奶不要自己了。爸爸、妈妈要努力和孩子之间建立起良好的亲子关系，多陪孩子游戏，听孩子说话，对孩子的教育要耐心些，让孩子感受到爸爸、妈妈十分疼爱自己。孩子入园后，爸爸、妈妈可以跟孩子做一个约定："宝宝上幼儿园，爸爸、妈妈上班。爸爸、妈妈下班后就来接宝宝回家。"为了让孩子安心，家长一定要严格遵守约定，按时来园接孩子。如果孩子在入园前是由家里的老人带，那么在刚入园的一段时间里，做父母的一定要亲自接送孩子。如果时间允许，在接孩子时，要多与老师交流，了解孩子在幼儿园的情况。

应对策略三：培养孩子良好的生活习惯和基本生活能力

1. 培养孩子良好的睡眠习惯

培养孩子形成早睡早起、每天午睡、独立入睡以及良好的饮食习惯。鼓励孩子自己用餐，吃饭时间要固定，而且要求孩子一定要坐在餐桌旁吃饭，不能边看电视边吃饭或边玩边吃，吃饭时不能随意走动。作为家长要鼓励孩子对各种食物都愿意尝试，并适当吃一些较硬的或纤维较粗的食物，养成多喝白开水、饭前洗手的好习惯。

2. 培养孩子良好的如厕习惯

孩子入园时天气还较热，一般穿的是单裤，可以训练孩子自己脱、提裤子，一开始幼儿园使用的是幼儿坐便器，孩子用起来比较方便，之后会慢慢过渡到蹲坑。注意观察孩子大便的规律，养成定时大便的习惯。

3. 积极配合参与入园前的开放日活动

幼儿园会组织家长和宝宝一起进行一个预入园体验活动，一定要重视而且亲自带着宝宝去参加。带着宝宝去熟悉班里的每一个角落，告诉他这里就是他以后学习本领、认识小朋友、跳舞唱歌的地方。入园前，家长带幼儿到幼儿园去看看，能帮助幼儿提前熟悉一下幼儿园的环境，这对幼儿入园后克服适应困难会有很大的帮助。但这项工作往往容易被忽视。其实，这如同入园前家访时幼儿与教师初步接触、建立初步的感情联系一样，幼儿入园前来幼儿园看看玩玩，熟悉幼儿园这个新环境，也是很重要的。

为了减少孩子入园初期不良的心理和情绪反应，家长有必要做好家园共同配合工作，为孩子创造一个良好的物质与心理环境，使他们迅速适应并喜欢幼儿园里的集体生活。家长同时应该去发现孩子的特点和亮点，再用相应的方法来引导孩子、鼓励孩子，让孩子们能更好更快地渡过分离焦虑这个适应期。

（作者工作单位：襄阳市实验幼儿园）

家庭甘露浇灌成长之花

——找回务工子女家庭教育的拼图

董　敏

【案例分析】

案例一

A同学是一个聪明、好动、自控力差的女孩，按时完成作业的情况寥寥无几。在一次电话访问时，碰巧电话那边传来哭声、吵骂声，还没等我开口询问，孩子父亲就向我倾诉，或者说控诉："已经这么晚了，她还没写完作业……"我耐心听完了孩子父亲的一通抱怨，也了解到A同学挨打已经是家常便饭，几乎每次都是因为作业写不完，或收到上课不专心等反馈。我询问了孩子父亲几个问题：

（1）您是否给孩子规定过作业完成的时间？

（2）孩子完成作业的环境怎样，是否比较安静？

（3）孩子除了因为完不成作业挨打以外，会不会因为其他事而被您关注？

我得到的答案均是否定的。与此同时父亲开始跟我说水果店生意太忙、孩子应该自觉等。

我们不难发现，A同学的父亲属于暴躁型家长，凡事习惯用暴力解决。孩子本身是聪明好动的，她几乎可以听懂全部课堂内容，但是在家却无法完成作业。这其中有三点原因：

（1）在水果店写作业人来人往，她总是被进进出出的客人所吸引，然后观察店里的各种情况（孩子的观察力很强，且习作水平很高），从而注意力没有集中在作业上。

（2）对时间没有充分的认识，家长只告诉孩子快点写，但是没有告诉她完成的时间节点等，孩子对于时间的合理分配和利用是无助的。

（3）孩子的父母忙于生计，只有在发现孩子作业没完成时才会跑到孩子跟前对她批评一通，而这在孩子看来成为父母亲近与关注自己的一种表现。久而久之，孩子甚至开始习惯且依赖这种感觉。因为孩子在学校的表达欲非常强烈，无论是课堂发言还是课间追问。但是回到家里，她曾说道："他们根本不愿意听我说一些学校的事，总是一句——去写作业，这让我感觉很无奈，仿佛他们更在意作业而不是我……"

以上案例中的家庭教育问题我总结为：缺乏非暴力沟通、认知引导欠缺和情感忽视后应激。

沟通与成效：

（1）与家长商量，建议让孩子自己在家完成作业（水果店与所住小区仅一墙之隔），并且表达对孩子的信任，与孩子约定好时间（学校各科作业均有时间限制），旨在营造一个独立、安静的空间，增强孩子的时间把控意识。

（2）孩子做完作业将作业带到水果店，先让孩子帮忙做点事，其间聊天式地询问一下孩子今天的学校生活（比如：今天哪节课最有意思？今天有没有什么高兴的事情？等等）。这样能够锻炼孩子，让她能够体恤父母，通过对话让孩子感受到父母也是关心自己的。尽管孩子有时候能理解父母艰辛地工作是为了家庭，但是这不能代表她不需要父母的关注。

（3）检查作业的时候，哪怕看不懂，也可以给出一些简单的评价，比如用"这几个字还得加把劲，要超过老爸哟""看看老师的评语吧"等来代替走马观花式的翻阅。简单的检查能够让孩子更重视自己的作业。

成果：孩子在周记中写到以下改变：自己完成作业速度更快，父母更关心自己，更爱向父母展示自己的学习成果等。

案例二

B同学是一个非常内向、看起来乖巧懂事的男孩，父母离异，孩子父亲偶尔也会以电话或微信的方式与我交流。令我印象深刻的是两件小事：一次是孩子父亲询问道："老师，您觉得我儿子最近心情如何？我感觉他好像有心事但是我又不敢问，感觉孩子大了，有自己的想法了……"；一次打电话的内容是："老师，我儿子有没有找您说起什么事呢？"原来是孩子的语文书和英语书丢失了，不知道是丢在了学校还是"小饭桌"，孩子不让父亲跟老师说，父亲以为孩子是怕被老师骂，便着急地到处私聊其他家长帮忙寻找。

其实这个事例在务工子女中也是非常普遍的：特殊的离异家庭、性格内向又想自己让大人省心的孩子、有关注到孩子的细微变化但是却不敢靠近的家长。案例中的父亲有几分忧郁型家长倾向。我们可能无法改变孩子们所要面对的特殊的家庭结构，但是我们能够做到的是不带偏见地去看待他们。孩子们是单纯美好的，高年级的孩子本身多了几分对外界的敏感，他们在乎的东西也从身边的玩具更多地转移到了身边的人。

这位父亲要解决他和孩子之间的问题可以从以下三点出发：

(1) 勇敢地靠近儿子，不做默默无闻的父亲，尝试与孩子做并肩的“兄弟”。

(2) 不用过于担忧孩子的心理变化，相信孩子可以处理好一些事情，同时告诉他，自己愿意随时予以帮助。

(3) 想让孩子与自己分享可先主动分享自己的想法，而不是回到家便“相顾无言”。

沟通与成效：

其实，这两件事我的处理方法都是在借口给B同学讲个题目的时候，用不经意的方式向孩子予以关注：

“咦，你的脸上好像有点东西呀，有一朵不开心的云。”

“你的书都完好地装在书包里吗？我们今天要进行整理检查活动哟。”

B同学都很温和、毫无防备甚至面带笑容地回答了我，一是和同学之间的小矛盾让他有了友谊危机，苦恼了几天；二是因为他认为丢了书是自己的过失与责任，不应该麻烦其他人去解决并且他深信他自己可以找回来。

事后我在上课中利用阅读拓展中一篇关于父母之爱的课文，告诉孩子们其实很多父母都在你们没看见的角落里默默地关注你们，尤其那些沉默又细腻的父亲，你们也应该做一个善于感知和关心父母的人。当我把眼光投向B同学的时候，当眼神相对，我分明感受到了他那一刹那间的触动。敏感、聪明的孩子的确很会领会这些细节。当晚的小练笔中B同学就写了《我和父亲的第一次卧谈》，读来感人至深。

案例三

C同学是一个学习成绩中等偏上，各方面习惯还比较不错，进步空间很大的男孩。但是孩子比较忧郁，开心的笑容不多见。他的母亲从事销售工作，十分繁忙，很少陪伴孩子，但是却犹如一个高频率闹钟，总是远程操控好了儿子的一切学习事宜。与老师的网上交流也比较多，她几乎在任何一个时间点都有可能“冒泡”，毫无规律。那并不是因为她时间的宽裕，而是她总是见缝插针地找时间与孩子和老师沟通。我们似乎会感叹这个母亲的负责，但其实，她的背后也是写尽了无奈，这甚至影响了孩子的性格。

C 同学母亲属于较强的控制欲与较低的教育认知相结合的家长。她总是在做预防，预防孩子可能出现的问题，然后不断地说教，重复再重复。她也比较焦虑，曾谈到自己为生活担忧，更为孩子的未来伤神。她认为孩子摆脱现有的原生家庭太困难，只能不断地说教，才能让孩子自觉。成效就是孩子平时比较乖巧，没有什么大喜大怒。但孩子逐渐形成了忧郁型性格，平时不敢放松却也很难迅速地进步。

其实在务工子女这一类群体中，由于父母多忙于生计，生活在社会的基层，感受着生活的压力，绝大多数学历不高，也在心底有着些许自卑，他们对于儿女获得新生的愿望特别迫切，但是又有心无力，特别缺乏教育方法。C 同学的妈妈说得最多的话是：“您觉得我应该怎么办?”“您是老师您教我吧，我按照您说的做。”“我也没读多少书，我感觉我管不了他了。”然而，想用简单的方法来解决复杂的问题其实是一种会给自己带来压力的习惯。……他们大多无助且焦虑，迷茫且忧郁，影响了孩子的性格养成，也让自己疲惫不堪。

这类情况主要归因为缺乏科学的家庭教育指导，家长们在学习如何教育孩子方面涉猎过浅，对于家庭教育的知识储备不足，导致情绪上的失控、过度控制或者选择放弃、听天由命。

沟通与成效：

（1）推荐给 C 同学妈妈几本书，都是关于家庭教育或陶冶情操方面的，并且跟孩子妈妈约定我也会看，看完一起分享。

（2）C 同学妈妈每天完成阅读的时间，成了孩子自己做作业的时间。母子二人，一人看书，一人写作业，互相不打扰。没想到孩子的作业效率反而提高了，并且在一次发言中，他骄傲地说：“我的妈妈很爱学习，每天看书，我觉得她很棒，我也要向她学习。”

（3）C 同学妈妈在坚持看书一个月后，也与我分享了自己的感受：“看书让我平静了好多呀，而且我感觉生活里不仅有孩子，也有自己的一片天地可以去开辟。我应该成为孩子的行为榜样，而不是他的复读机……”我惊叹她的感悟。

（4）在班上的亲子阅读评比中，特地鼓励他们母子拍摄了家庭阅读视频，在班上做宣传。另外，C同学现在是我的语文科代表。

【案例反思】

通过呈现与分析以上三个常见的案例，我们可以得出以下解决思路：

（1）尽量为孩子创造适合学习的环境，不是物质条件上的优越，而是学习氛围上的优质。

（2）给孩子明确的引导，不用暴力沟通。

（3）无论多忙，不做情感忽视型家长，让“会倾听的父母”拯救“被忽视的孩子”。

（4）对于特殊家庭的孩子，家长更应该给予相信的力量，用真诚换取信任，自身不做敏感家长。

（5）不给自己不断施压，而要通过学习家庭教育的方法，去解决子女教育中的问题，做学习型父母、问题解决型父母。

针对务工子女家长的现状，以及他们子女教育中的问题，也需要学校与社会的关注与帮助，尤其需要多开展有意义的公益性家教课堂，让家长们重新认识自己的角色，更好地帮助孩子成长，让家庭甘露浇灌成长之花，一起寻回那缺失的家庭教育拼图。

家庭教育的观念应该与时俱进，应符合社会发展的潮流。家长是孩子的第一任老师，对孩子的个性发展与气质形成都会有一定的影响作用，家长在一定程度上应成为学习型的家长，与时俱进。

参考文献：

[1] 杨元璋. 回归生活的陪伴[EB/OL].(2020-10-15)[2020-11-10] https://www.fx361.com/page/2020/1015/7095431.shtml.

[2] 李霞. 进城务工农民随迁子女学习习惯的培养 [J]. 新课程（中），2019（12）：196.

（作者工作单位：宜昌市宝塔河小学）

教育管理篇

新时代家庭育儿指导与家园共育实践

——疫情后重塑家园共育的新思考与新模式

田玉婷

2020 年春天，一场突如其来的新冠肺炎疫情爆发。党中央果断决策，动员了全党全民的力量，万众一心抗击这场疫情。新冠肺炎疫情是一场灾难，人们的生活节奏被打乱，教育事业受到很大冲击且发生了一系列改变。为贯彻落实习近平总书记关于坚决打赢疫情防控阻击战的重要指示精神和党中央的决策部署，教育部印发《关于在疫情防控期间有针对性做好教师工作若干事项的通知》，要求各地各校有针对性做好疫情防控期间教师工作。同时，教育部发出的“停课不停教、不停学”“继续推迟开学时间”等的号召亦是针对此次疫情坚决做好防控的科学决策。因此，帮助家长开展家庭教育、提升亲子陪伴质量是幼儿园教师的职责和使命。《幼儿园教育指导纲要（试行）》也指出：“家庭是幼儿园重要的合作伙伴。应本着尊重、平等、合作的原则，争取家长的理解、支持和主动参与，并积极支持、帮助家长提高教育能力。”特殊时期，怎样发挥家长资源，做好家园共育工作，我们在实践中进行了探索。

以往的开学季，在武汉“封城”期间变成“线上家园携手交流互动”，疫情防控期间不仅让家长们“宅家”办公，还可以根据自己的时间，安排与孩子相伴的亲子时间。但是在这个特殊阶段，对于“如何做好有质量的家园沟通，促进幼儿发展”是一次前所未有的尝试。前期的交流、沟通、合作，对后疫情时期幼儿错时错峰离园、杜绝家长进校园等防疫措施显得异常重要。因此，居家指导时期的家园共育经验对后疫情时期家长科学育儿，提供了非常宝贵的经验。

一、疫情带给教师专业挑战和成长契机

“家园共育”是一种理念，是指家庭和幼儿园必须协同一致，形成一

种合力，而不是各自教育，共同为幼儿的健康成长施加有益的影响。合作育儿不是平行育儿。“育儿指导”则是指具有育儿知识的专业人员（包括保教从业人员、幼儿园教师等）对养育者的育儿观念和育儿行为进行指导。如：在大班，幼儿园教师在一日活动中体现“去小学化”。如果家庭与幼儿园在育儿观念上能够协同一致，就能使幼儿在习惯培养、能力提升、知识积淀等方面得到全面提高，为孩子进入小学做好各方面的准备。与之相反，若“去小学化”的教育推进过程中得不到家长对理念的理解、认同，将会让孩子处于一种两难的境地。严重的，还会使幼儿产生厌学情绪。

1. 从“育儿”到“育儿指导”，云上教育对教师的专业能力提出挑战

疫情使我们不得不从线下走向线上，后疫情时代家园共育更注重的是从“育儿”走向“育儿指导”，挑战了传统的教育模式。如果我们不具备“育儿指导”能力，就会陷入困境，也会陷入如何开展远程育儿的迷茫。如：老师精心策划游戏活动、录视频、制作系列空中朗读音频，家长勉强完成，有的家长甚至完全不理会。怎样开展活动？如何能够使家长积极主动地参与到线上活动？怎样专业性地指导家长进行家庭教育，这将是对教师“育儿指导”专业能力的巨大挑战。

2. 为教师的专业成长提供契机

面对各种线上教育问题，教师的专业能力，是活动有效开展、家园良性沟通、幼儿健康发展、达到育儿实效的有力保障。现在的家长，对幼儿园的要求不光是要带孩子，还要求带好孩子。我们要获得家长的信任，信任产生的基础就是家长能接受和支持教师的育儿指导。有的家长遇到了教育困惑，却得不到专业解答，更不理解幼儿园的做法。如以往春、秋季会请幼儿家长带植物到幼儿园开展活动。有的家长常常会抱怨：“幼儿园给孩子们买不就可以了，为什么要家长带？”其实家长的不理解，是因为教师没有能够精准地从幼儿园课程的教育理念出发，将专业的“育儿指导”内涵传递给家长，并取得家长的支持和信任。我们必须明白，育儿指导能力是教师专业素养的体现，可以促使学前教育专业性得到社会认同。我们今天强调幼儿园与家庭“共育共识”的保教工作原则，旨在发挥幼儿园的家庭育儿指导功能。我们应该抓住这个契机，学习如何与家长沟通孩子的发展，如何与家长建立幼儿园保教活动与家庭个性化育儿之间的连接，如何与家长沟通不同教养方式的利弊，从而提升教师自身的育儿指导能力。

二、云上育儿指导的实践与反思

疫情期间，老师们花了大量的时间收集资料、精心准备，为孩子和家长做了很多活动指导，如：作息安排、亲子运动、手工制作、图书推荐、常识认知、听讲故事、小游戏、小实验、美食菜谱、家务劳动、自理活动、幼小衔接……老师们用幼教人的专业初心，让孩子“停课不停成长”，守住了孩子对幼儿园集体的归属感。老师们的责任、敬业、担当、努力、热情、智慧，让师幼之间的情感交流不会因为疫情而被阻隔，同时让家长和孩子能感受到老师的辛苦。这种全新的教育形式，是靠老师们的创新、相互学习、相互借鉴而不断完善得来的。效果怎样呢？我们应从活动中不断反思我们的活动是否满足了孩子的发展需要，是否满足了家长育儿的需要，是否满足了我们自己的专业成长需要。

关于育儿指导活动的反思：

（1）活动的开展对家长而言到底是启示还是压力？是否真的受到家长欢迎？家长提交活动反馈信息时是被动无奈的吗？为了上传照片、视频，家长是否有强制和训练孩子一遍又一遍地摆拍？家长是否获得育儿观念的更新？这些都是我们应该思考的。

（2）我们是否研究了家庭育儿不同于幼儿园集体育儿的特殊性？作为教师，我们不能代替家庭育儿，但我们能做的是育儿指导。怎样让家长将育儿过程进行分享？教师在线上怎样进行有效推进专业性的育儿指导？这些也是我们应该注意的问题。

（3）我们平时强调的儿童观，尊重儿童，看得见儿童自发学习的情况。线上活动中，孩子在哪里？孩子的游戏学习在哪里？促进孩子发展的课程在哪里？是否关注每一个孩子？

三、后疫情时期，更应在线上、线下实践中提升专业水平和科学育儿指导能力

1. 家庭育儿指导要从儿童视角出发，根据儿童的特点进行育儿指导

游戏是儿童的天性，要相信儿童是真正的游戏高手。孩子需要理解、陪伴。家长需要的是对孩子游戏的理解和陪玩的技巧。

儿童是好动的，相信儿童会在自发的运动中协调动作，调节活动量。家长需要的是帮助孩子，在身体活动中发掘所蕴含的动作发展，并采取相

匹配的态度和应对的方法。

好奇心是儿童探究学习的原动力。在日常生活和游戏中就是常常伴随着“破坏”的，家长需要的是对这些“破坏性行为”中所蕴含的探究性学习过程，予以科学的支持。如：孩子喜欢玩冰块，从冰箱拿进拿出。家长一定要了解孩子为什么会有这个行为。如果是为了实时的观察结冰的时间、速度、状况……，家长应采取什么教育方法？是制止？还是结合科学的、有效的方法支持幼儿观察行为的延伸，帮助幼儿获得探究学习的兴趣？只要我们放手，孩子就有探究发现。关键是家长的视角和态度，以及教师应怎样给家长以支持和指导。

2. 幼儿的有意学习需要注意的要点

从儿童视角出发是不是就意味着我们设计的活动没有价值。显然不是，儿童除了有自发行为中的无意识学习外，也需要我们想让他们获得的一些关键经验。但是我们要注意：

（1）要重视幼儿自发活动。不仅要关注孩子在特定时刻获得的特定经验，更要重视幼儿的自发活动。自发活动中的学习价值并不比我们设计的活动要低，关键看我们如何对待这些活动，家庭中儿童自发行为占主要。

（2）无意学习的方式，获得家园有意推进的目的。老师指导家长活动实施时，需要自然而为之，而不是刻意而为。重在激发幼儿自发活动时所表现出的那种兴趣、主动、好奇，将外在要求转化为儿童内在需求的方法。

3. 了解孩子成长的家庭环境和当下的生活现状

最重要的是了解家长的育儿观念，在当下对儿童上述特点所表现出的种种日常行为，了解不同家庭、不同家长的不同态度，为孩子营造不同的成长生态环境。是欣赏和支持孩子的行为，还是责难和限制孩子的行为，或是对孩子的行为感到无奈？只有获得这些信息，才能有针对性地进行育儿指导，家长群是我们了解和获取这些信息的最好家园社区。家长之间有相互分享吗？这是肯定存在的。线上的家园双向互动，营造了暖暖的家园集体，形成一个学习成长的共同体。

4. 家园共育中的协商性育儿指导

协商性指导对家园共育来说特别重要，共育强调的是协同一致形成合力，这就离不开家园之间的协商与合作。在家园关系中涉及三个主体：孩子、家长、老师，协商的核心是三个主体之间的平等互惠关系。

教师——专业化的知识设计指导育儿方案。了解儿童成长背景，解读家长育儿行为，解读亲子关系，巧妙地和幼儿互动，善于和家长沟通。

家长——个性化教养。家长虽然缺乏系统的教养专业知识，却拥有个体化教养实践的诸多经验。因为他们面对的孩子是独立的个体。

（1）与孩子协商实现互惠。

儿童有自己的发展节点和成长节律，年龄越小个体差异越大。按照维果斯的观点，3 岁前儿童是按照自己的“大纲”发展的，在一种成人创设的环境中自发性学习；3～6 岁儿童逐步可以接受成人为他设定的“大纲”，是一种反应性学习。即成人的“大纲”恰好符合孩子自己的“大纲”，才能使他接受，否则是无意义的。

（2）与家长协商实现互惠。

家庭育儿的案例是我们专业成长的资源，如果获得更多的家庭育儿案例，无论是家长育儿智慧还是育儿困惑，无论是敢于放手的家长、自我成长的家长还是研究型家长的育儿方式，都能让我们获得家庭育儿信息。要做的是家长信任，在平等互惠的家园沟通中，共同协商孩子发展之事。总之，关于“家园共育”这一老话题我们需要新的理解，那就是“协商性育儿指导”形成家园合力。

2009 年《关于幼儿教育改革与发展的指导意见》文件中就已提出“全面提高 0～6 岁儿童成长及看护人员的科学育儿能力”。对于教师来讲，需要拓展提升的专业素养和能力，不只是特殊时期的需求，而是在特殊时期将一个学前教师应有之专业指导能力的提升提上了重要议程，应该引发教师自我高度的关注。疫情防控期间，我们与幼儿的隔空教育的困境，使之成为专业发展面临的重要课题，需要更好地抓住这个契机。更有力、有方法的实施后疫情时期的家园共育指导将会使教师的专业能力迈向新的高度。疫情结束，回归常态教育活动中，提升教师对家庭教育指导的胜任力，实现“家园共育”的科学育儿新常态，也是重塑“家园共育”的新思考与新模式。

参考文献：

[1] 教育部基础教育司.《幼儿园教育指导纲要（试行）》解读［M］.南京：江苏教育出版社，2002：30.

[2] 丁连信.学前儿童家庭教育［M］.北京：科学出版社，2007：46.

（作者工作单位：武汉市竹叶山幼儿园）

被偷走的爱，快找回来

樊金莲

小原是刚中考完的孩子，分数还没出，他就一跃从阳台跳下了。母亲回忆时说起，孩子早上说，考后在家总是看不到爸爸妈妈，觉得爸爸妈妈都不关心他。母亲只觉得是一句牢骚，没太在意。她和孩子父亲做小生意，起早贪黑，总是尽可能给孩子创造条件，吃的、穿的、用的、玩的，总舍得给他买，给他报补习班，觉得已经倾尽所有了，可孩子却感受不到他们的爱与关心，才酿成了如此惨剧，只剩下父母追悔莫及。

对父母而言，辛勤工作的意义便是孩子，竭尽所能报补习班、买名牌衣服，孩子要什么便满足，努力给孩子全部的爱；对孩子而言，被逼着上补习班是一种强迫，买名牌衣服是应该的，他感受不到爱。这种错位不禁让我们思考：爱是被谁偷走了吗？

一、我们的爱被谁偷走了？

1. 被消失的爱抚偷走了

小时候，孩子总在妈妈的怀抱里、爸爸的肩膀上。他们从这样的肢体接触中感受到爱。初中了，孩子身体渐渐走向成熟，父母有意无意回避，也觉得孩子不再需要爱抚，便不再拥抱他们、抚摸他们，孩子们对爱的感受也慢慢消减。

2. 被缺失的沟通偷走了

初中阶段，有的孩子紧锁房门，不与父母交谈；有的谈着就跟父母吵起来了。“为什么不愿意跟父母交谈呢?”他们回答：“说了也听不懂”，“总在忙，面都见不上”，“只知道谈学习”，“不理解我”。于是与父母的交谈越来越少了，隔阂也越来越深了，又何谈感觉到爱呢？

3. 被骤减的时间偷走了

孩子们什么时候能感觉到被爱？“爸爸妈妈做了好吃的菜的时候”，

“一家人一起吃饭的时候”，“爸爸妈妈带我出去玩的时候”，“生病了爸爸妈妈照顾我的时候”。是啊，忙碌的学业，大部分时间花在学校里，周末为了上补习班常常在外面吃，饭桌上的时间少了，周末一起玩的时间更是少之又少。亲子相处时间骤减，又何从感受这份爱呢？

4. 被苛刻的要求偷走了

初中不再直接升学，中考时根据分数看孩子是进入高中还是职高。父母能看到中考背后未来的人生走向，往往背负巨大的压力，只能让马儿快点跑了。考试考差了，怕更差，批评；考好了，怕骄傲，闭口不言。家里念叨的总是学学学、分分分，生活上的关心少了，笑容少了，压抑的氛围使爱的感知能力不断衰退。

5. 被读不懂的爱偷走了

养儿方知父母恩。孩子对父母很多的爱有时是不能理解的，反而把爱当成束缚。不让孩子喝碳酸饮料，不让孩子吃糖，不让孩子与行为不端的人交友等等，父母关心的是他的身体，关心的是对他成长的影响，他们则往往觉得自己被人束手束脚，反而更添矛盾。

6. 被搁置的劳动偷走了

父母为了生计奔走辛劳，孩子却不常能理解父母的辛劳，因为不常劳动，所以不知劳动的辛苦。父母觉得孩子金贵、辛苦，较少要求他们参与家庭劳动，不洗衣服、做饭，连叠衣服、洗碗、扫地也不做，不劳动便更难真正感受父母操持家务的辛劳与背后蕴含的爱，也很难感恩。

二、孩子，我要怎样读懂你？

1. 青少年的心理发展的基本特点

青春期少年的心理活动往往处于矛盾状态，其心理水平呈现出半成熟、半幼稚性。

反抗又依赖，抗拒成人对自己的干涉，对父母的依赖更多表现在希望从父母那里得到精神上的理解、支持和保护；闭锁又开放，渐渐将内心封闭，但同时又具备开放性，期盼有人关心和理解他们；勇敢又怯懦，勇敢中带有莽撞与冒失，有时又怯懦不敢与异性沟通；高傲又自卑，容易凭一时感觉对自己轻下结论，很难对自己作出全面恰当的评价；否定童年又眷恋童年，试图将一切行为与幼小儿童的表现区分开，但又眷恋童年，期盼得到父母的关照。

2. 青春期孩子与父母关系的微妙变化

青少年与父母的关系发生了微妙的变化，父母的形象不再是至高无上，不再是既尊重又信任：

（1）情感上的脱离。有了其他依恋对象，与父母情感不如以前亲密。

（2）行为上的脱离。要求独立愿望强烈，反对父母的干涉和控制。

（3）观点上的脱离。开始重新审视以前一贯信奉的父母的许多观点。

（4）父母榜样作用的削弱。父母身上的、过去未曾察觉的某些缺点慢慢显现。

可见，青春期的他们不再迷信父母权威，需要父母引导又反对干涉与控制，渴望爱与独立，期盼尊重、理解、支持。掌握了这些规律，才能让他们真正感受到爱。

三、我们的爱，怎样不被偷走？

爱需要关心、细心。关心、细心不只是指物质上的、身体上的、生活上的，更多是指心灵上的、心理上的、感受上的。

1. 善用言行传达爱

生活中对孩子微笑，多给他充满爱的目光，可以多抱抱孩子，拍拍孩子的肩膀，摸摸孩子的脑袋，让他们感受到我们的情绪，感受到我们的爱。当我们担忧孩子的时候，不妨告诉他们：“爸爸妈妈很担心你”；当我们看到孩子的进步表现时，不妨告诉他们：“爸爸妈妈感觉很欣慰”，“爸爸妈妈很高兴看到你的进步”，“你这次有进步”，“你真的很厉害”。在爸爸妈妈的言语和爱抚中，这种被爱的感觉会很强烈。

2. 建立有效的沟通

沟通时，我们需要提前和孩子一起沟通和制订家庭规则，比如什么时候可以玩手机，可以玩多久。心态平和，沟通时不带批评口吻，当我们想说“回来就只知道玩手机，天天不好好学习”这样的话时，不妨用“把手机收起来，去做作业吧”来代替。沟通时，多倾听孩子的想法，而不是强行灌输自己的观点，比如“你怎么看啊”，适时提供合理建议，不代替他们做决策。当沟通渠道确实不畅时，可以采用手机短信、书信等方式，他们能感受到我们的诚恳关爱与支持，而不是被约束、被压迫。

3. 留出时间陪伴孩子

合理安排孩子和我们的时间，尽量留出每天与孩子用晚餐的时间，用

5～10 分钟陪伴孩子，说一说学校的事。无法安排晚餐的，可早起和孩子共用早餐，让孩子感受到我们的陪伴。亲手做或者买一些孩子爱吃的小零食、小点心，让孩子带上并分享给小伙伴。周末尽量和孩子一同出游，看看电影、逛逛公园等等。当工作忙碌无法与孩子相处时，可以电话联系，让他们感受隔离距离不隔离爱。

4. 创造宽松的成长环境

著名教育家苏霍姆林斯基说："有时宽容引起的道德震动比惩罚更强烈。"孩子的成长需要广阔的空间，当孩子犯了错误时，对于非原则性错误宽容原谅，耐心引导分析原因，提供恰当帮助并找到下次规避错误的办法，如："你觉得是什么原因导致的呢？下次是否可以克服呢？需不需要什么帮助呢？"当孩子没有勇气前行时，多鼓励他们，如："我们要不试一试，爸爸妈妈相信你可以的！""做做看，总会有希望的！"让孩子们在被爱中勇敢前行。

5. 让孩子理解真爱

渐渐教孩子理解真爱，纵容不是真爱，识别真爱要用发展的眼光看。告诉孩子教他礼仪是为了让他以后更有教养，拥有更好的自己；告诉孩子引导他劳动是为了培养他独立自主的能力，以后拥有更多自由；告诉孩子勤于锻炼、节制饮食是为了让他拥有健康的身体、充沛的精力。

6. 教孩子劳动担责

一个人在被他人需要时，才能感受到自己的价值；一个孩子在被他人需要时，才能感受到自己的生命是多么伟大，感悟到一种深深的爱意。鼓励孩子参与家庭劳动，时间充裕时，可以一起做饭，一起大扫除；时间紧张时，可以让孩子打扫自己的房子，整理自己的书桌，理解生活的不容易；还可带孩子参加社区志愿服务活动，付出爱也收获爱，才更容易理解父母的爱。

参考文献：

[1] 林崇德. 发展心理学 [M]. 北京：人民教育出版社，2009：320-370.

[2] 湖北省教育厅关心下一代工作委员会. 家有儿女 [M]. 武汉：

华中师范大学出版社，2013：204-205.

[3] 杨兴华. 用爱赋予学生飞翔的翅膀 [J]. 中国德育，2013（5）：48-49.

[4] 赵江梅. 要培养孩子爱的能力 [J]. 中华家教，2012（7）：62.

[5] 邹淑玲. 培养学生爱的能力 [J]. 现代教育科学·小学教师，2012：20-21.

（作者工作单位：武汉市友谊路中学）

探究“孩子不做家庭作业”的破解之道

苏凤秀

一、发现问题，寻找破解之道

近几年，学生因未完成家庭作业受到责罚引发跳楼轻生的事件发生多起，令人触目惊心！这已经成为一个严重的社会问题，需要社会各方合力助推家庭教育，促进孩子健康成长成才。我是一名小学心理辅导老师，接到过一些家长关于如何解决孩子不做家庭作业这一难题的求助，在此列举较有代表性的几条线索，与面对类似情况的家长进行探讨，希望能为家长解决问题提供一些思路。

线索一：“我儿子要说是挺聪明的，有同事听他讲话后直夸他语言表达能力强，小学二年级的孩子说话头头是道，很有表演天分，他喜欢看僵尸片，爱模仿和表演。但在做家庭作业这件事上真让人着急上火，他做作业时要求我们陪坐在旁，每次做作业磨磨蹭蹭，有天晚上十一点还没完成，我烦不过，就让他睡觉了，天天这样日子怎么过？”

线索二：刘同学（三年级男生）多次没有完成家庭作业，老师约谈家长，这位妈妈（丈夫病故）靠在酒店做保洁养活一儿一女，她指责儿子：“像讨债的仇人，不体谅我的辛苦，我为他好，他凶狠地吼我，还说恨死我。”她家里有用于惩罚儿子不做家庭作业的凳子和擀面杖。有一天晚上她下班已是十一点多，儿子作业竟然没做完，她按家规：让儿子罚跪在凳子上，头顶放面盆，一直跪到凌晨两点。我问她：“你这跪‘老虎凳’的‘酷刑’，为什么还要头顶面盆呢？”她说是防止他打盹，打盹时面盆掉下来会响。这次深夜罚跪让他有所收敛，可前不久，妈妈被他气得生病住院了……

线索三：QQ 来信（由于篇幅太长，节选部分）：读四年级的儿子李某某在班上成绩居上游，但就是不肯好好学，网课后的家庭作业，别的同学都写完提交了，他还磨磨蹭蹭不肯写，宁愿坐那儿发呆。我说他几句，他就发脾气说不写作业了，我气也来了，打了他几下后罚他站，这孩子从小就犟，说站就站，从下午一点半站到了八点了才勉强跟我说他写作业，还写了保证书，我以为有点效果。第二天下午上完课又故态复萌，我急不过，打了他，谁知越打他越犟，还把本子扔了，说不写作业不上学了。我在家没少给他讲道理，什么方法都试过了，我现在拿他没办法。

线索四：美容店老板娘邀请我体验抗皱美肤，在私密房间没向我推销产品，却向我求助解决女儿的难题——不愿做家庭作业。“我实在无能为力了，好说歹说都不管用，我每天再忙总会抽时间管她的作业，她不爱动脑，家庭作业成了家长作业。让她独立完成作业吧，我一离开，她就反锁门，说是不让我打扰她，几次敲不开门，几个小时做不完。前天，老师建议我带孩子到医院检测智力，怀疑女儿智力有问题，课文记不住，数学题解不出。我咨询了一个在大学工作的亲戚，他肯定我女儿智力正常，能说会道、舞蹈功底还不错，建议我耐心听听孩子的话，看看是不是有什么心结。”

我与家长不管是线下面谈还是线上交流，都能感受到他们面对孩子不做家庭作业或做作业拖拖拉拉这种不良行为的强烈情感：焦急、生气、伤心、烦恼、沮丧、受到威胁、愤怒、憎恶、绝望和无助等，这些是容易直接产生的正常反应。他们尝试着用尽了各种习以为常的方法：说教、惩罚、指责，甚至打骂等，有时还管点用，过不了多久孩子却又“犯病”了，结果总是闹得家里鸡犬不宁，亲人像仇人。可怜天下父母心，几近崩溃的家长还在绞尽脑汁寻求“孩子不做家庭作业”的破解之道。

二、破译“孩子不做家庭作业”的密码——孩子的错误想法

个体心理学认为，人的行为是有目的的，所有人的首要行为目的都是归属感和价值感。这里的人当然包括孩子。著名儿童心理学家、教育家、行为学家鲁道夫·德雷克斯强调：“一个行为不当的孩子，是一个丧失信心的孩子。”鲁道夫·德雷克斯研究发现，当一个孩子丧失了信心，就会选择错误的目的。之所以称为错误目的，是因为这些目的建立在该怎样获得归属感和价值感的错误观念之上。作为家长，识别出孩子的错误目的很重要，因为了解孩子的错误想法和观念，你就知道采取什么行动来帮助孩子达成他的真正目的：获得归属感和价值感。

上面的线索能够帮助我们“解码”，让家长弄清楚孩子不愿做家庭作业这种不良行为背后隐藏的信息，这些孩子到底想要告诉我们什么呢?

线索一中爱模仿僵尸的小男孩的内心声音：“以我为中心，我才有归属感。”

线索二中跪过“老虎凳”的男孩好像告诉我们：“我没有归属感了，我要反击。”

线索三中宁可久站也不做作业的孩子仿佛在说：“由我做主导，我才有归属感。”

线索四中舞姿好、智力被质疑的女孩想说：“我不相信我能找到归属感，我放弃努力。”

同样是不做家庭作业，背后的原因却各不相同，四个孩子有着四种目的。显然，这四种行为目的和思想观念都是错误的，孩子用力的方向错了，所以出现不良行为——不做家庭作业。作为家长应该深入思考：第一点，孩子形成错误观念的责任，当家长的有份；第二点，原来孩子的不当行为是他们丧失信心的外现，是解决问题的密码信息；第三点，仔细审视自己的哪些行为导致了孩子相信自己无所归属或没有价值；第四点，破译密码后家长应积极行动，鼓励孩子，因为鼓励是改变孩子行为最有效的方法。

三、应对“孩子不做家庭作业”的策略——家长的有效鼓励

家长破译了“孩子不做家庭作业”的密码，有助于他们采取最有效的行动来帮孩子实现孩子的真正目的：获得归属感和价值感。对于孩子的错误想法和观念，家长可选择行之有效的干预和鼓励，一击必中。但是，要对不做家庭作业（而且有的行为过激）的孩子进行鼓励谈何容易！其主要原因有：第一点，大多数家长习惯了以负面方式回应孩子的“不做家庭作业”的不良行为，没有研究惩罚的暂时效果与长期负面影响；第二点，知道“鼓励”对孩子好，却不知道如何做才好；第三点，亲子冲突时，家长和孩子无法给予或接受鼓励，如线索二和线索三中那样的情景，就需要冷静之后鼓励才有用。

家长对上面线索中四个孩子的最有效的鼓励策略就是帮助孩子感觉好从而做得好！

爱模仿僵尸“以我为中心”的小男孩的家长鼓励性的回应包括：让孩子觉得不需要用不做作业来换取爸妈的关注，孩子自己选择做作业的时间

段，做完后帮助家长做些事情。家长还可以问孩子："作业没做完，你有什么感受？你希望是什么结果？你怎样做才能得到这个结果呢？"

跪过老虎凳"我就要反击"的男孩的妈妈首先是管好自己，不要辱骂和使用"酷刑"，要表达对孩子的理解、关爱和鼓励，如果自己的言行对孩子造成了伤害，请向孩子认错、道歉，并和孩子一对一地讨论解决问题。另外，在家显眼的地方张贴家庭警句，时时提醒家人。

宁可久站也不做作业"由我做主导"的孩子的妈妈鼓励性的回应可以有：①承认自己不能强权逼迫孩子，撤离冲突，冷静下来。②寻求孩子的帮助：当孩子感到妈妈在控制自己时立即提醒妈妈。③和孩子一起制订问题的解决方案，并帮助孩子明白自己的事自己有权改变。

智力被质疑的女孩的家长鼓励性的回应有：①关注孩子的优点，不对孩子提过高的要求。②安排她做感觉不太难的作业，或把难题分解成一些简单的任务，让她体验成功的乐趣，找到自信。③只要她做了作业，就鼓励她要坚持。

功夫不负有心人，家长反馈现在以上四个孩子的家庭作业完成情况良好。今年教师节我收到了最珍贵的祝福："苏老师，您好！我是李××的妈妈。感谢您对李××的关爱和帮助。他现在比过去更明事理了，写作业也没那么拖拉了。谢谢您在那段难熬的时间里给予我们母子的关心和帮助，您的心理疏导给了我们很好的指引。在这个特殊的节日里，祝老师身体健康，桃李满天下。"

由此可见，探究"孩子不做家庭作业"的破解之道，这不仅仅能解决眼前孩子不做家庭作业的问题，更是教给孩子必需的人生技能，并让孩子增强社会责任感，促进孩子发展积极健康的人格，帮助孩子找到人生的幸福密码。

（作者工作单位：武汉市洪山区南望山小学）

“爱”在家访中

孔祥红

“课外访万家”犹如一座桥梁，搭在学校与家庭之间，搭在老师与家长之间，促进了交流，加深了理解，为建立和谐而良好的教育环境打下了坚实的基础。“课外访万家”活动的开展，教师、家长把更诚挚的爱带给了学生，成为教师、父母、学生之间的纽带和桥梁。

“课外访万家”，俗称“家访”，对于每一位教育工作者来讲，这并不是一个陌生的词语。所谓家访就是教师主动到学生家里去，就学生的学习、思想、心理以及学校相关政策制度等方面与家长进行沟通、交流，从而促进学生身心健康成长，获得家长对学校工作的支持的教育行为，是一种很重要的教育方式。

提起家访，想起在30多年前，自己还在上小学时，老师有时会到家里来，那时自己是非常害怕的——老远见老师来了，就赶紧掉头往家里跑；老师进了门，就躲在房里不敢出大气；老师走了，就出来透气。后来，参加了工作，为完成任务，就下村走访。山道弯弯，学生分布相当零散，我有时才走访一个学生，回来就天黑了。家访回来后，我感慨万千：有的家长真热情，和老师细致交谈；有的家长只顾自己打牌，在桌子上不下来……个别家长说，前面的老师完全不负责，孩子的成绩就被老师“黑了”。

家访让我深入思考，如果这时的家访和以前一个样，还是“穿新鞋走老路”，就没有丝毫意义。怎样家访呢？家长想知道什么？家长最关注孩子在校的情况。对，在家访前教师首先应给班上的30名学生“画个像”，每个学生有什么优缺点，在头脑中放放电影。优秀学生还好说，难就难在后进学生，这些学生往往是“成绩不好”“觉悟不高”“行为出格”，可以说看不到一丁点儿优点。“人不可能一点优点都没有。”我当即否定自己先前的看法。“我们周围不是缺少美，而是缺少发现的眼睛”，我想到这句话，我就想到一个办法，办法就是平时多注意观察学生。通过一个星期的日常观察，我找到了大部分学生的优点。对于优点不突出的学生，我预先让他们为班级做一件力所能及的“小事”，然后当着全班同学的面，表扬他们，激发他们的信心。这样一来，所有的学生都有了明显的优点。

接下来与家长谈些什么？我找来关于家访的规定仔细研读，什么“六必进”，什么“六知道”，什么“六回访”，等等。我事先对全班学生来个情况分类，留守学生、单亲学生、困难学生……这样一来，我心中就有方向了。

一个双休日，我和数学老师出发了。今天的任务是走访5个学生家庭。到了目的地，领路的学生早已等在那儿。我们每到一个家庭，都能看见家长一张张热情的笑脸。为配合我们的家访，很多家长没有去田里干农活，在家等候我们的到来。端茶倒水，亲切交谈，他们淳朴、善良的品质让我感动。虽然有的家长我是第一次见面，但交流中仿佛我们是知心朋友。

有的家长是七八十岁的老人了，因为儿子、媳妇长年在外打工，即使照顾自己都力不从心，但还是尽心尽力地照顾孙子孙女的生活起居。他们上了年纪，但还在发挥余热，令人感动至极。

在家访中，家长说的最多的话是：“现在的学生只听老师的话。您说一句抵我们十句。老师您把孩子管紧点，我们不会怪你们的。”可爱的家长们，他们把教育的责任与希望全部寄托到老师的身上。殊不知家庭教育对孩子成长的作用是学校教师替代不了的。只有家庭和学校一同携手，孩子才能健康成长。

在与家长的谈话中，我们也知道了家访中存在的问题。

（1）家长的教育方法需要改进。

一个孩子成长的好坏，不仅仅取决于学校教育，良好的家庭教育也是非常重要的。但是我们往往发现，因为家长的素质、职业等的差异，造成家长对孩子教育的认知也有不同。有些家长对孩子很严格，动不动就打骂，说“棍棒底下出孝子”，对孩子过于简单粗暴；有的家长对孩子溺爱过度，什么事都包办了；还有的家长，以为老师家访就是“告状”……像上述这几类家长，仍有很多。我们要通过“课外访万家”这个活动，深入到孩子的背后去，真真切切地了解每一个孩子的差异，了解他们在学校之外的生活状态，同时了解他们家庭教育的情况。学校掌握一手材料后，再开办家长学校来对症下药，提升家长的教育方法。

（2）孩子的心理问题不容忽视。

当前农村许多孩子是留守儿童或单亲家庭的孩子，家长（监护人）对这样的孩子似乎有种负罪感——平常要风得风、要雨得雨，溺爱有加。这样的孩子往往暴露出很多问题，如不合群，不爱与人沟通交流，脾气暴躁，行为粗暴。在我们班上，我经常看到有学生上课时若有所思，神情恍惚，时不时啃指甲。课后，我查阅了相关书籍，了解到这些是孩子心里缺乏爱的表现。通过"课外访万家"活动，我知道这些孩子往往在生活中缺少父母的理解、沟通和爱。究其原因：一是这些孩子的父母多外出打工，平常只能在电话里与孩子沟通，这样就加深了父母与孩子之间的隔阂。二是多数家长单单以分数来衡量孩子，自己知识能力有限，每天只是问孩子"作业做了没有"或嘱咐孩子"不要玩，抓紧学习"，几句话重复来重复去。孩子完成作业后就只能看电视，没有其他的娱乐。三是隔代教育扭曲了孩子的成长，孩子暴露出来的坏习惯、坏毛病本来就让爷爷奶奶、外公外婆们很茫然，无从下手，更谈不上沟通交流和管教。总的来说，孩子的心理问题多是家长往往更关心学生的学习以及健康，忽略与孩子的沟通造成的。孩子进入青春期，就会出现性格叛逆、早恋、学习习惯差、厌倦学习等心理问题。因此我们要通过"课外访万家"活动，了解孩子成长的心理需求。

（3）以生为本，促其全面发展。

家访的对象是全体学生，我觉得后进生会因为一些小的闪光点受到老师的称赞时而很高兴，老师可以和家长一起从点滴的进步谈起，一分为二地分析学生，用鼓励帮助孩子去克服缺点。所以在家访时我把握实际，灵活调节，在轻松融洽的气氛中提出孩子存在的问题，共同商量、探讨教育措施，使学生心服口服，家长也就会欣然配合。对于成绩优异的学生我们也进行了家访，了解到有些家长只顾孩子的学习而忽视了学生的品行教育，这值得引起我们老师、家长重视。

一位教育家曾说："教育过程中要充满期待，如果把一份爱心放在家访中，就会取得意想不到的效果。"又有人说："家访是一门学问，是一门永无止境的艺术。"通过"课外访万家"活动，我得到了许多收获，明确到教师和家长的责任意识，那就是要把握孩子心理特点，对其施行"爱"的教育。如果在孩子成长的过程中，家长和教师相互学习，相互信任，相互合作，积极探讨研究"爱"的方式与技巧，结成家长学校的教育同盟，那么我们的教育会获得更大的成功！

（作者工作单位：蔡甸区利济中心小学）

线上教学中家庭教育、家校共育的研讨与反思

张绍兵

2020年，是特别的一年。因新冠肺炎疫情的来袭，导致全国中小学春季不能按期开学、如期开课，对此我们开始了“停课不停学”的线上教学，实现了之前在作文中描述的未来学习状况：学校无人，老师在家上课，同学们在家借助手机或电脑进行网上学习。虽然上网课已经以不同的形式逐渐出现在社会大众的生活与学习中了，但还没有全面地普及实施，面对这一全新的授课模式，最开始的新奇过后就暴露出了许多问题。《习近平谈治国理政（第三卷）》中强调“家庭是人生的第一个课堂”，而家长作为实现远程教学的重要辅助者，应该清楚地明白自己的定位，扮演好自己的角色，充分利用自己的知识、能力和社会经验去帮助子女适应并掌握线上学习，来辅助老师们的教育工作。

1. 家长需扮演的角色

由于疫情，我们开启了几个月的居家隔离生活，一家人久违地长期生活在一起，而不是平时那种因为学业或工作而各自生活于自己的圈子中、只有逢年过节才有几天忙碌的团聚。俗话说：“距离产生美。”距离近了，相处久了，在这段时间中，孩子与父母、学生与家长之间，便暴露出平时未曾发现或早已存在的问题。故而家长应当明白自我的定位，承担好自身的角色，处理好家庭的矛盾，建立和谐的家庭，营造良好的家庭氛围、学习氛围。在家庭教育中，家长作为主要的教育者，家长的一言一行、一举一动都对学生有着很大的作用。从一个孩子就可以看出一个家庭，家长的行为举止会在孩子身上十倍、百倍地放大。

疫情时期，居家隔离的家长，作为唯一陪着孩子的人，需要承担教育子女的父母、引领孩子的智者、陪伴子女的朋友和以身作则的示范者等多种角色。由于疫情，大家都被限制在家中，有些孩子们因为长时间不能出门，长期限于一个地方，从而出现一种焦虑焦躁的状态，导致学习没心境

也没心情。这时候家长应该告诉孩子们我们为什么不能出门，解释清楚外面发生的事，讲一些“逆行者”的事迹，我们能做到的就是居家隔离，不给他们添麻烦。引领者角色主要体现在学生因为长期的线上学习，居家隔离期间又接触不到外人，从而产生一种厌烦的情绪。这时候就需要家长的引导，告知他们释放与转移情绪的方法，端正态度，积极面对并放平心态。朋友角色则在于与孩子共同成长、共同进步。一家人在一起时，如果父母都专注于玩乐，专注于玩手机、看电视，却要求孩子必须认真学习、不接触网络视频或者游戏，这是不可能的。只有自己严格要求自己，给学生树立一个正确的生活、工作、学习态度，学生才会有一个良好的作风习惯。线上教学与居家办公是一样的，父母认真对待居家办公，子女则会以相同的态度正视线上学习，一个眼前的榜样的力量是强大的。

而在这四种角色中，通常家长们只做到了教育子女的父母这一个角色。对于学生的一切疑问、好奇与探索更容易选择直接拒绝，严令禁止。孩子还小的时候这种做法可能比较有效，但这会导致学生对家长的信任度与亲密度大大降低。随着孩子的长大，这种带有禁止控制的做法，最终导致的是孩子不听家长的话，疫情期间的教育也便成了空谈。

2. 家长角色缺失的原因

中华文明源远流长，我国古代长期以孝为立身之本，这间接导致年龄越长则身份越高，权力越大。“大家长”在家中的地位就是晚辈得言听计从，不容辩驳。同样，这个习惯仍然延续到了现在。很多家长习惯于树立自己的权威性，对孩子只有要求怎么做、必须这样做，没有理由，也没有任何解释说明。习近平总书记在家庭教育重要论述中多次强调：“家风是一个家庭的精神内核。”这次居家隔离中，家庭的教育、家风的传承，显得尤为重要。家长的言传身教直接影响着孩子。孩子对于为什么不能出去产生了疑问，家长只是简单粗暴地说：“我说不能出去就是不能出去，赶紧去学习!”而孩子对于这样的回答明显很是反感与厌烦，但是迫于家长的权威便没敢继续提出自己的疑问。但是，长期的居家隔离和线上教学导致学生产生了焦虑和厌学情绪，这时候是最需要家长的时候。然而之前的“一言堂”让孩子不会轻易地去跟家长主动交流沟通，降低了孩子对家长的依赖，问题没处理便越来越多。在孩子对于某件事产生好奇的时候，家长应该耐心地回答、解释，把孩子当成一个朋友来对待。对于平时生活中孩子的每一次好奇与疑问，我们做好一次次的尊重与耐心，将会换来的是孩子对家长的信任与依赖。

“手机给他（她）就只知道玩游戏，不给手机吧，上课又上不了，耽误学习，我都不知道该怎么办才好。”这也是疫情期间很多孩子上网课的一种常态。线上教学完全依赖于网络，缺少电脑或手机是不行的。但是有的家长过于重视学习，希望孩子的每一分钟都在学习，休息娱乐不允许出现在孩子的时间表上，仿佛家长这样做到了陪伴者的角色。但这种每一分钟追着学习、不让娱乐的陪伴者角色真的是一个孩子所期望的吗？想让孩子通过读书走向成功，这样是为了他们好，但对于孩子来说，这是借着为他们好的名义给他们增加负担。家长应该陪着孩子，不仅仅是陪着学习，更要陪着娱乐，陪着生活。家长们要足够地尊重与信任孩子，相信他们可以合理安排好学习与休息时间。只需当他们松懈时，适当引导他们就够了。

“望子成龙，望女成凤。”这是家长们由衷的心愿。每个孩子都是不一样的，孩子们有自己的思想和人生道路要走。但是有的家长把孩子当成一个附属品，认为自己子女的人生道路他们完全可以操控，甚至想让孩子实现自己未曾实现的梦想。家长的高目标、高要求会给予孩子很大的压力，孩子难以达到，家长便会管得越多越严，而家长管得越多，孩子便会越厌烦，最终家庭成员间就难以和睦相处。每个人都需要在人生道路中去求索，了解孩子的需要，给予孩子支持，孩子必定会足够的信心去走好未来人生的道路。

3. 家长角色转换的策略

家长希望子女成才的出发点是好的，但家长也是从孩子出生的那一刻才由孩子的身份转换到了家长的角色，所以，家长也要去学着怎么承担好家长的角色。要想承担好家长的角色，首先要清楚家长有哪些角色，这些角色有什么特征和用处，适应于哪些情景。其次要明白学习并不是偶尔的，因为当家长不是一时的事，遇到的事情与问题也不是固定不变的。然后要清楚角色的转换离不开孩子，要对不同性格的孩子有不同的处理方法。最后，家长角色的学习是永无止境的，要随着孩子的长大逐渐转换自己的角色。学无止境，终身学习。

“有时候孩子并没有你认为的那么比不过别人家的孩子。”孩子比家长更懂得接纳与包容。当家长看到孩子在看电视或者玩手机时，经常选择的方法是粗暴地制止或者直接开始发脾气了，但是，下次仍然会出现这样的情况。这个时候家长应该转换自己的角色，不能只是权威者的教育，而应该是民主的沟通。家人之间的友好谈话，会增进亲子关系。一个家庭也需要制定好规则。第一，规则是经过家长与孩子的商讨确定下来的，规则一旦定下，便需要家里人都遵守。第二，规则不是一成不变的，规则需要随着孩子的成长而进行一定的改变。第三，规则制定好后，要实行严格的奖惩制度。只有当孩子清楚什么叫规则的时候，他才会知道什么事该做，什么事不能做，什么时间段该做什么样的事。

“读书是唯一的出路。”因为这句话，许多家长把孩子的学业看得无比重要，有些孩子的特长不在于读书，也非要求孩子走读书这条路。条条大路通罗马，我们家长应该把心态放端正，不要逼迫孩子只走读书这条独木桥。

孩子的教育单靠教师或者家长是不行的，需要教师和家长一起努力。居家学习的情境下，老师线上教学，学生网上学习，家长的辅助更是少不了，但并不是所有的家长都是老师，也并不是所有的家长都有足够的文化水平去辅导、教育学生。当非专业“老师”做上了自己家孩子的家教老师时，由于教学方法与进度的不当，导致了亲子之间产生了很多矛盾。新奇的上课方式，不一样的云中课堂，弄得家长与孩子焦头烂额。这是家长没跟教师及时交流导致的。家长应该多向老师寻求平时孩子学习上遇到困难的处理应对方法。我们的目的从始至终都是一致的，我们应该站在同一个立场，以同一个态度去对待孩子们。家长遇到疑问时，要及时求助于教师；教师力所不能及时，也应该及时寻求家长的帮忙。加强家校合作，一起帮助学生成长。

面对疫情期间的线上学习，家长和孩子之间肯定会发生矛盾，家长必须转换角色来带领孩子走出困惑与迷茫。家长的角色也是需要经过学习去调整的。家长角色的成功，不仅会营造良好的家庭氛围，也能让孩子取得学习与人格上的双成功。

参考文献：

［1］习近平谈治国理政（第三卷）［M］. 北京：外文出版社，2020.

（作者工作单位：黄梅县孔垄镇张河中学）

常态化防疫背景下幼儿园家长工作的开展

梅琴花

2020年是不平凡的一年，新冠肺炎疫情的冲击，在一段时间内打乱了学校教育教学秩序。秋季全面复学后，面对新形势新常态，在做好防疫工作的前提下，如何科学合理开展家长工作，做到健康防疫与家庭教育工作两手抓、两不误，促进幼儿身心健康成长，是我们管理者必须思考的新课题。我园在科学应对疫情、统筹推进家长工作的开展方面进行了一些尝试与探索。

一、增强线上交流力度，发挥信息化互动优势

因疫情影响，人际交往方式发生了很大改变，少聚集、少会面，云直播、线上交流、隔屏传递已成为流行方式。秋季开学后，幼儿园按照教育部要求，严格实行园区封闭管理，家长进园机会少了，与老师的接触交流有限，对教师工作、孩子在园生活的了解也减少了，特别是新生家长，对孩子刚入园的适应情况、幼儿园教育教学活动的开展状况等有很多不放心与担忧。为了深化家园沟通，增强工作透明度，我园充分发挥网络交流优势，增强线上交流力度，利用园网站、班级网页建设、企业微信平台、QQ群等，向家长与社会宣传园里各项活动的开展情况，并及时传达政府与教育部门政策信息。

做好线上沟通，建构信息交流平台与熟练使用相关平台APP是关键。首先，我们在开学初，快速构建、更新了企业微信、时光树APP两个家园沟通平台的通讯录，保证家园信息互通，不漏一个孩子，并对教师进行操作技能培训，让每一个老师都能熟练进行线上直播、线上会议、班级网页建设等。随后，通过向家长发放《操作指南》、召开线上家长会、个别电话指导等方式，让家长了解和熟悉幼儿园的沟通交流平台，及时与老师保持联系。现在，家长只需一部手机，便可随时随地通过班级网页，查阅

孩子在幼儿园生活与学习的照片、视频；进入幼儿园网站，可查看幼儿园各项重要活动安排及开展实施的新闻信息；每天在“疫情智控”中进行幼儿健康上报，查收老师对幼儿进行晨午晚检上报的健康信息；在班级群里查阅教师发送的通知信息，与老师互动留言等。便捷顺畅的信息化交流方式帮家长释怀了担忧与顾虑，搭建了心灵互通的桥梁，从而更好地实现了家园沟通无阻碍、和谐共育零距离。

二、灵活调整活动方式，防疫与教育两相宜

幼儿园家长工作中有很多活动是需要集中开展、实地进行的，如家长会、家长培训、亲子活动、家访等，线上开展有很多局限，达不到面对面的交流效果。为了坚持开展多年的常规活动，同时又避免聚集风险，我们灵活调整活动方式，创新性开展家长工作与德育工作。

1. 家访采取实地入户与约谈方式相结合

家访是增进家园情感与联系的有效方式，我园多年来一直坚持对每名入园新生进行实地家访，通过入户走访，深入了解幼儿的家庭成长环境，共商育儿良策。今年秋季，为保证家访工作落实，同时减少教师多方接触带来的聚集风险，我们采取实地家访与约谈方式相结合，根据幼儿发展情况分层分类，对各方面发展均衡的幼儿以预约家长来园面谈的形式进行，对特殊儿童家庭、留守儿童家庭、贫困家庭进行实地家访。老师们通过与家长近距离接触、促膝交谈，与幼儿亲昵互动，深入了解每个幼儿的个性表现、兴趣爱好，家长也从老师的言谈举止中增进了对孩子在园生活的了解，从而更加理解与配合幼儿园的工作，使家园关系更和谐。灵活的新生家访工作既取得了实效，又减轻了教师的工作压力与风险。

2. 家长培训工作分组分批进行

为了减少大型活动聚集风险，我园分年龄组、分主题开展家长培训活动，并将场地由室内改为室外，培训现场要求家长做好防护，戴口罩入园，间隔 1 米距离就座。针对小班幼儿生活习惯养成的重要性，我园对小班新生家长进行了《良好生活习惯从小养成》的专题讲座。中班幼儿语言发展、阅读习惯培养很关键，我们对中班家长开展了《抓住语言敏感期，促进幼儿语言发展》的专题讲座。后期，我们还将对大班家长进行幼小衔接方面的专题培训，通过分层分组、有针对性的家庭教育培训讲座，帮助家长树立科学育儿理念，正确理解与读懂孩子的行为，采取行之有效的家

教方法。

3. 亲子活动以小团体形式开展

秋季学期，我园的食育坊亲子活动、欢庆重阳家园联欢活动、大班户外采摘活动等，采取分批轮流，在小团体、小范围内进行。每个班级事先计划安排好，每次亲子活动安排部分家长来园参与，分批轮流，保证每位家长都有机会进入班级参加活动。参加活动的家长其职责任务也发生改变，从关注自己的孩子变为关注多个孩子，需配合老师的组织，陪伴、帮助、指导责任区范围内每一个孩子的操作或游戏活动，家长与多个孩子的互动游戏、孩子与不同家长的主动配合，既有助于家长客观认识和评价自己孩子的发展，更加理解老师工作的辛苦，也促进了幼儿人际交往能力的发展。

三、重视健康安全教育，家园合力奏响健康主旋律

1. 调整、丰富课程内容

一场突如其来的疫情，给人类上了一场深刻的生命教育课，我们应该更加珍惜拥有的健康生活，也应该深入反思我们的生活方式。幼儿期是习惯和规则意识形成的关键期，对其进行适宜的生命安全与健康教育意义重大。因此，我们及时调整与充实了教学课程，扎实开展每周一节健康安全教育活动，增加生命安全、健康防疫、感恩教育、生态环保教育等内容，在五大领域教学中落实开展。同时，抓住“9·20”全国爱牙日、“6·6”爱眼日这些节点和契机，开展健康主题教育活动，以此丰富幼儿的健康知识，强化健康意识和行为。

2. 开展校园健康行动

为营造健康校园氛围，帮助教职工、家长和幼儿树立健康意识，我们开展了系列校园健康行动，如：师幼健康体检、幼儿牙齿局部用氟、集中接种疫苗、食品安全宣讲等。邀请市妇幼儿保中心、阳光口腔医院、食品药品监督局等卫生部门专业人员来园，通过展板宣传、健康专题培训、咨询解答、实地操作服务等形式，对幼儿、教师进行健康体检，接种流感与肺炎疫苗，注意幼儿口腔检查和牙齿用氟等，向家长科普护眼、护齿、防疫等健康知识，在全园掀起了健康防护热潮。

3. 关注儿童心理健康

针对疫情解封后，各地先后发生的学生跳楼自杀惨痛事件，折射出青

少年儿童心理健康教育的重要性、生命安全教育的重要性。结合幼儿阶段年龄特点及我园常规工作，进一步加强了幼儿心理健康教育。通过开齐、开足每周一节健康与安全教学活动，建立身体机能特殊与行为习惯特殊的两类特殊儿童成长档案，利用家访时机摸排、了解幼儿家庭成长环境，建立儿童特殊家庭档案，引导教师、家长关心幼儿情绪情感变化，增强心理健康教育意识，对特殊儿童与特殊家庭的幼儿给予更多耐心细致的关照，开展有针对性的转变教育。小八班有一名自由散漫且攻击行为特别强、多次咬伤其他幼儿的特殊儿童，班上老师和园领导对此特别关注，为孩子的转变教育做了很多努力，多次约谈家长或上门家访，一起探讨、分析孩子过激行为的原因，商讨帮助孩子转变的措施。经过老师的爱心感化，家长来园一对一的陪护，一段时间后，该幼儿因父母的忽视、缺乏亲情陪伴与安全感、语言发展迟缓等原因而导致的不良行为得到了转变。家长由衷感激老师的倾情付出，感恩我园“不放弃一个孩子”的良苦用心，我们也以实际行动展现了关注儿童个体差异、因材施教的教育理念，家园共育促进每一个幼儿富有个性、健康快乐成长。

随着疫情防控进入常态化，并将迎来持续发展趋势，我们的生活与工作方式面临很多挑战，这都要求我们去积极调整与适应新常态，幼儿园家长工作的开展也将不断适应新形势。我们将不断努力，在传承园本经验做法的同时创造性地开展工作，探索更多符合园所实际的管理方式方法，促进幼儿和谐健康发展。

（作者工作单位：湖北省麻城市幼儿园）

加强家长学校建设　推进家长课堂常态化运行

程燕林

家庭教育是现代国民教育的重要组成部分，是学校教育和社会教育的基础。父母是孩子的第一任老师，以言传身教的方式塑造孩子的性格，培养孩子独立思考问题和解决问题的能力。习近平总书记曾多次强调："家庭是社会的细胞""家庭是人生的第一个课堂"，明确指出家庭在社会中的基础性地位以及家庭在人生成长中的重要性。可是对于如何正确地引导孩子、教育孩子，很多家长处于迷茫之中。近年来，越来越多的未成年人问题进入到公众的视野中，尤其在今年居家学习的那段时间里，家长与孩子之间的教育问题更是被放大，成了社会广泛关注思考的问题。家长们对家庭教育的指导服务需求比以往任何时候都强烈。而家长学校作为家庭教育的一种形式，是目前最普遍的学校教育的补充方式，在促进学校、家庭、社会三结合教育中发挥着重要作用。

一、家庭教育的误区

结合一般家庭的普遍特点和家长的诉求进行分析，在家庭教育中主要存在如下问题：

（一）主观原因

（1）理念错误，教育极端化。父母在孩子教育上没有相对应的知识体系来支撑与指导，导致家长"无视"孩子身心发展规律。过度保护孩子或溺爱孩子，无论是非对错，都以孩子为中心，会使得孩子自私狭隘，无法融入群体；或者教育方法简单粗暴，面对孩子厌学逃学、进网吧、玩游戏等情况，父母无计可施，也没有耐心，动辄打骂，以至于孩子越来越叛逆，形成恶性循环。

（2）重物质条件创建，轻视对孩子人格的塑造。很多父母认为自己的职责就是为孩子提供吃、穿、用，为孩子创造好的生活条件，孩子自然会长大。家庭教育的重要内容之一是对家庭成员的人格塑造，实现个体人格完善。心理学研究证明，孩子的人格形成发生于3岁而定型于7岁。父母教育缺位，往往导致孩子人格缺陷。

(3) 重智力成果忽视德育滋养。“不要让孩子输在起跑线上”，诸如此类的口号在社会上盛行，更加激发了家长们的焦虑，而这种焦虑表现在对孩子学习成绩的过分关注，这种关注致使德育被边缘化。因而很多家长抱怨孩子没有礼貌、不知体谅、不懂感恩……

(4) 过于依赖学校教育，将孩子的成长成才寄托在学校和各种校外教育机构身上，缺乏对孩子的有效陪伴，没有意识到家长教育对孩子成长的重要性，父母没有融入自己应有的角色中。

(二) 客观原因

(1) 工作压力大，缺少充足的时间关注家庭教育。

(2) 单亲家庭、留守儿童家庭等特殊家庭里，孩子的教育问题则更加特殊化。

二、家长学校的现状

(1) 目前家长学校一般由各中小学、幼儿园兼办，很多地区的绝大多数学校建立了家长学校，做到了有机构、有组织、有师资、有场地，但大多将家长学校的功能等同于“家长会”，将其用于学校政策宣传，很少开展活动；或者偶尔涉及家庭教育相关内容，但大多零散、无体系，致使家长学校流于形式。

(2) 全国妇联教育部在《关于全国家长学校工作的指导意见》中明确指出：家长学校以未成年人的家长及其抚养人为主要对象，是为提高家长素质和家庭教育水平而组织的成人教育机构。

学校是专门教育人的场所，中小学教育的对象是未成年人。学校教育是对适龄儿童、少年、青年进行培养的过程。而家庭教育指导的对象是未成年人的家长或抚养人，是一项指导参与者有意识地通过自己的言传身教和家庭生活实践，对子女施以一定教育影响的社会活动。相对而言，指导家长开展家庭教育，在传统学校的教学结构中没有与之对应的功能，学校需要在组织机构、制度、人员构成等方面进行调整和改革，建立相应的体系结构。

三、家长学校的建设

（一）加大宣传，提高认识

加强对家庭教育的宣传力度，营造良好的社会氛围，让为人父母者明白对孩子的教育就是家长自我教育的过程，要树立家长自身终身教育的理念。全方位、多角度、全覆盖做好家庭教育科学知识的普及，不断提高家长的家庭教育水平。同时学校要把家长学校工作纳入学校工作计划之中，成为学校考核成绩的一个重要部分，为家庭教育工作的顺利开展提供有力的保障。

（二）建立机构，规范指导

（1）建立完整的领导组织机构，明确职能。妇联组织和教育部门对家长学校工作进行指导与管理，对家长学校的规范程度进行评估、量化。

（2）结合实际情况制定相应的规章制度，提出切实可行的办学实施办法，进一步规范家长学校管理。

（3）建立动态激励机制。建立家长学校与教师的职责考核奖惩制度的联系，明确职责，定期进行考核测评，表彰、奖励优秀家长学校、优秀教师。

（三）整合资源，吸收人才

（1）加强家长学校的师资队伍建设。以学校为基础建立一支家庭教育讲师团队，队伍以学校教师为主体、优秀家长及行业志愿者共同组成，以学校、学校联盟及教育集团为平台，开展具有实践意义的家庭教育指导工作。聘请相关领域专家顾问对团队进行培训指导，积极开展家庭教育课程及工作实践研究。

（2）建立家庭教育人才资源库。依托学校现有资源，引进优秀家庭教育人才进入家长学校，建立人才资源库，对资源进行整合利用，全方位开发、打造家校合作共同体。

（四）丰富活动，形成合力

（1）形式多样化：线下面授，线上互动，开展常态化家长课堂。线下面授以教师常规化教学讲座为主，同时邀请专家学者进行交流解惑。线上互动借助互联网平台，充分发挥学校网站、QQ、微信等平台功能，建立专区专栏专刊，组织家长进行在线学习，探讨家庭教育知识。举办“家长经验交流会”“家长读书沙龙”“亲子陪伴”等活动，让家长之间多互动，多交流，提高家长的教育认识。

（2）内容灵活性：制订科学性、系统化的校本课程，及时了解掌握家庭教育进展情况和家长需求，适时调整跟进，增强活动内容的适应性和可操作性。根据不同年龄层次学生的身心发展特点，制定相应教育目标与任务，对家长进行分层次教学，有针对性地设定不同专题的家庭教育理论和实践方面的辅导。对于孩子们的共性问题，如专注力的培养、良好习惯的养成等，可采取上大课的方式给予指导；对于个性化问题，如青春期的教育问题、考前压力缓解问题、二孩家庭常见教育问题等可给予“选修课”专题指导。

（3）参与策略性：“我太忙了！没时间管孩子！”很多家长经常有各种借口逃避对孩子的教育，对家长学校的参与度不高，因而有效的激励措施和评价机制是非常必要的。家长课堂在开课前要做好充分的准备工作，如下发通知函，明确开课时间、地点，并要设立咨询处，写好欢迎标语，做好会场布置，用仪式感来激发热情。同时对家长进行考评，保证出勤率与合格率，对优秀家庭、优秀家长进行经验推广交流和表彰宣传，将制度性与灵活性有效结合，提高家长的参与度。

（4）课堂可持续性：做好活动档案，及时总结经验，不断加强理论学习。正视家长在活动中的批评与建议，对存在的问题进行分类汇总，分析讨论，有针对性地对学校下阶段的工作进行调整，“思得、思失、思改”，如此反复，为提高家长学校工作水平打下坚实基础。

四、家长课堂的常态化运行

举行家长学校的目标是家校共建，合力育人，显然这一目标不是仅举行一两次活动、写几次征文就能达到的，家庭教育工作任重而道远，促进家长课堂的常态化运行要持之以恒，常抓不懈。通过宣传造势、政策护航、制度保障、课程支撑四位一体实现家长课堂的常态化开展。

家庭教育是终身教育，在人的一生中起着奠基的作用。加强家长学校建设，切实提高家长的科学育人能力，让每一个家庭都能享受到家校共育的丰硕果实。

参考文献：

[1] 薛立新. 家庭教育学 [M]. 延吉：延边大学出版社，2018.
[2] 陈鹤琴. 家庭教育 [M]. 上海：华东师范大学出版社，2013.

（作者工作单位：黄冈市浠水县实验中学）

家庭教育在小学语文教学中的地位探讨

程向阳

过去，受制于经济、文化等客观条件，小学生的教育一直由学校和老师主导。而近年来，随着人们经济文化水平的提高，家庭教育逐渐被人们重视，进而家教成了孩子成长过程当中不可或缺的一个环节。为了不断强化孩子们的综合素质，除了课堂上要掌握的知识以外，我们还可以进行高质量的家庭教育，通过家长和孩子平常相处的过程，引导孩子掌握一些文化知识，让家长充分扮演一个潜在的教育工作者角色，对孩子进行文化的熏陶与引导，这对小学语文教学工作非常有益，对孩子非常重要。

一、家庭教育在小学语文教学中占重要地位的原因

（一）家庭教育是对小学语文课堂的补充和拓展

小学语文对于学生的语言能力和写作能力的培养有着非常重要的作用，是一门关于文化培养的基础性课程。我们中华文化博大精深，一门小学语文承载了这么多的功能和意义，只靠课堂短短的几十分钟显然是不够的，教材本身包含的知识和含义，只靠老师口头的讲解，以小学生这一群体的理解能力，往往是一知半解，或不甚了解，这个时候如果想要孩子加深理解，提升孩子的能力，就需要家庭教育来弥补这一不足，我们家长朋友可以结合生活实际，举一些实例来帮助学生理解教材内容。其次，小学时期正是孩子们好奇心和求知欲非常旺盛的时期，他们对这个世界还保持着天然的新鲜感，课下在和家长相处的时候，也总是会问一些自己不懂的问题来满足自己的好奇心和求知欲，我们在遇到孩子们的提问时，就是发挥家庭教育作用的时候，这时我们可以通过自己的所学所长，结合生活实际，去和孩子沟通，走进孩子的内心深处，通过沟通来了解孩子对课堂内容的看法，然后帮助孩子补充课堂以外的知识。这个时候，家庭教育在小

学语文教学中的重要性就体现了出来。

艺术来源于生活而高于生活，文学作品作为一种文学艺术，它来源于生活并且能够从生活当中找到字里行间的真情流露，我们开展小学语文教学，一方面是因为语文是基础学科，另一方面是为了感受文学的魅力，这对孩子们的心灵非常重要。经历过岁月洗礼的文学作品，里面除了饱含感情以外，更多的则体现了一种传承精神，小学生作为祖国的花朵，正是我们人文精神的传承者。精神不能被直观地看到、触摸到，而是需要我们通过日常的引导教育，让学生能够体悟到。短短几十分钟的课堂想要学生理解到精髓，未免有些牵强，而通过课下，在实际的生活当中引导教育，通过家长的言传身教，无疑是最好的方式。

（二）家庭是小学语文实践的主体

理论知识引导实践，实践才能出真知。小学作为学生教育的基础性阶段，我们应该培养学生们的实践意识，而实践在课堂上很难实现，时间有限的情况下首要的是先理解理论知识。小学阶段实践的主体就是家庭生活场景，课下和周末大量的时间都在家里，家庭教育这个时候正好可以弥补课堂教学所不能满足的实践内容，以此来达到提升教学目标的目的。在陪孩子开展实践之前，我们可以根据孩子的性格、喜好等，有针对性地设计活动方案。我们可以通过周末带学生去参观少年宫、古文化遗址等方式，去进行课下实践活动，让孩子们可以通过感官知觉，真实地看到、触摸到文化遗址，提升对文化的理解和认识。当学生学习兴致不高、精神状态不佳、心情不好时，我们可以通过春游、踏青等活动，带孩子出去游玩，去到海边、公园、游乐场等地方，提升孩子对情感的理解。这样一来，不仅丰富了学生们的课余生活，而且在实践当中开阔了视野，增加了学生们对语文学科的兴趣。

二、在小学语文教学过程中提升家庭教育地位的措施

（一）情感引导，提升家庭教育主体地位

在实际的生活当中，家长作为孩子的榜样，言行举止都对孩子有重要影响。家庭作为孩子成长的摇篮，对于孩子有特殊的意义，与家长朝夕相处，情感也是从家庭里生发的，而情感又是我们小学语文教育中的一项重要内容，我们教育工作者可以根据这一客观事实，从情感方面出发，提升

孩子们学习语文的积极性，提升家庭教育的地位。具体来讲，在学习有关感恩父母的文学作品时，我们可以在课下，或者家长会的时候，让学生和家长分别进行沟通表达，让孩子讲出自己的对于父母言行的理解和认识，并且提出自己的疑问，由家长进行解释说明。这样学生能够直观地感受到父母的情感及用意，一方面通过具体实践来增加学生的理解深度，另一方面也给父母一定的表达机会，因为父母很难从日常繁杂的工作当中抽出身来，和自己的孩子面对面，以平等的身份沟通交流。通过这样的一些方法，让学生更加理解自己父母的言行举止且达到提升理解能力的目的，既填补了学生实践的空白，又弥合了学生和家长之间一些小小的缝隙，拉近家长和学生距离的同时，无形中提升了家庭教育在小学语文教育工作当中的主导地位。

（二）客观分析，给家长有针对性的建议

小学生这一群体，在家长和老师面前的表现往往是不一样的，在孩子的整个教育当中，如果能够实现老师和家长的信息互通，就更加有利于了解孩子的心理，从而开展有针对性的引导活动。在日常的学习课堂上，我们教育工作者应该拿出足够的细心与耐心，去充分地了解孩子的喜好和心理，尊重个体差异，挖掘孩子们思维理解与认知的不同优势，客观地分析，给出适合孩子的引导方式，帮助家长开展有针对性的家庭教育。比如，在课堂上发言比较积极，理解能力和学习能力比较强的孩子，我们可以建议孩子的家长在课下多带孩子去拓宽视野，打开思路，让孩子的学习更进一步。而对于课堂上表现不够积极的同学，可以建议孩子的家长多和孩子交流，让孩子打开心扉，畅所欲言，及时发现问题，并且多给予孩子一些关心。处于小学阶段的孩子比较感性，家庭的爱护非常重要。对于一些专注力不够的学生，我们可以建议家长在家里陪孩子练练字，读读喜欢的书籍，以此来锻炼孩子们的注意力等。我们老师在家庭和学生之间，发挥着纽带的作用，课堂知识和孩子的喜好连接着纽带的两端，通过有针对性的建议，加强家长在小学语文教育当中的影响力。

（三）言传身教，树立正面典型

从孩子出生开始，我们家长的言行举止就对孩子有着非常重要的影响。在孩子非常小的时候，他只能通过模仿家长来学习讲话、走路。随着年龄的增长，这种习惯还在潜移默化地影响着孩子的生活和学习。家长可以利用这一客观事实，通过自己来给孩子树立榜样，比如早睡早起，不能一直看手机，定时练字、阅读等。在家庭当中引导孩子养成良好的学习习惯，一旦迈出了这至关重要的一步，那么孩子在接下来的课堂学习中就会非常轻松。

三、结束语

总而言之，家庭教育作为孩子的第一堂课，对孩子具有先天性的引导优势，占据着重要地位。如果说小学语文是其他学科的基础，那么家庭教育就是孩子上学的基础和课堂的补充。我们应当充分利用小学语文教育的实际需要，合理地提升家庭教育所占的比重，提升学生们的综合素养。

参考文献：

[1] 张花. 浅议家庭教育在小学语文教学中的地位 [J]. 科学导报，2015 (15)：349.

[2] 范利军. 浅谈家庭教育对高效课堂教学的渗透与作用 [J]. 小作家选刊（教学交流），2011 (6)：250.

（作者工作单位：浠水县竹瓦镇竹瓦小学）

论新时代中小学生的家庭与校园教育问题

鲁海涛　罗佩瑶

随着中国人口数量的增多，人文科技的发展，以及社会进步的需要，教育越来越成为政府工作的重中之重。习近平总书记强调："实现中华民族伟大复兴，教育的地位和作用不可忽视。我们对高等教育的需要比以往任何时候都更加迫切，对科学知识和卓越人才的渴求比以往任何时候都更加强烈。"可见教育在现代社会发展中的重要性。

目前，我国教育的两大主体，一是家庭教育，一是校园教育。在新时代，想要实现民族复兴，必须做好中小学家庭教育和校园教育的工作，推动高等教育的更好发展和中国软实力的上升。

一、如何做好家庭教育

1. 坚持全面发展与个性发展相结合

尺有所短，寸有所长。家庭成员在教育中，不仅要培养孩子作为社会成员的能力，更要发掘出孩子独特的闪光点。孩子的个性不应被遏制，需要家庭成员把握好度，适当引导，在家庭能力条件以内帮助孩子，使其闪光点成为他们独特的本领，愈加璀璨。只有做到全面发展与个性发展相结合，孩子才能拥有更为精彩、更有意义的人生。

2. 坚持树立家长威严与尊重孩子意愿相结合

中国古代实行了数千年封建家长制，家长，尤其是作为父亲的家长，对子女拥有极大的权威。当今社会，仍然有家长对孩子的控制欲极强，不允许孩子与他们的想法出现任何差异；仍旧享受经济专制、思维专制，用家规家法来维护亲子关系。然而，孩子的叛逆也随之而来。

控制欲过强的家长需要明白，孩子拥有自己的想法，是不轻易为家长所左右的。孩子不是父母的提线木偶，不是父母的私有物，家长在一定程度上树立威严、不迁就溺爱孩子的同时，应给予孩子尊重、理解，才能更好地教导孩子，才是真正意义上的为他们好。适度的家规有助于良好家庭关系的养成，但专制和使用家法体罚则是绝对有害于孩子教养的。新世纪、新时代，新的孩子也需要新的开明的家长。尊重孩子的独立人格，是新时代家长在教养孩子过程中，需要认可、执行的头等大事。

3. 做示范性家长，形成良好家风

父母是孩子的第一任也是终身任职的老师，想要孩子从小养成好的习惯，父母必须承担起示范带头作用，为孩子树立一个好的榜样，正确引导、鼓励孩子成长成才。孔子说："其身正，不令而行；其身不正，虽令不从。"示范性家长需要创造良好的学习、生活氛围，为孩子提供健康的成长环境。在为孩子创造优质的生活与精神环境之外，以言传身教的方式感染孩子，注重家人之间的和睦相处，注重言谈举止之中对孩子无形的教育。

示范性家长待人接物，要体现涵养和宽容，以社会主义核心价值观为指导，为孩子正确三观的养成打下基础。示范性家长不只是在教育孩子，更重要的是约束自己，在孩子成长的同时，自身也得到进步，以此形成良好的家风，强调在无形中养成孩子优秀的品格。

4. 关注孩子心理健康发展

近几年社会经济飞速发展，人民生活日渐富裕，但心理问题却越来越严峻。据某权威数据统计，全球大约有10%的人患有抑郁症，而抑郁症患者中，65%左右的人有过自杀的念头。这些抑郁症患者中，中学生占了相当一部分比例。中学生患上抑郁症的原因也有多种：校园暴力、家庭破碎、升学压力等等。患上抑郁症以后，孩子生命中原本鲜艳的、充满活力的色彩被抹去，丧失了人生目标、渴望与梦想，变得自卑、紧张，对身边各种事情的感觉渐渐消失，与外界联系逐渐减少，慢慢自我封闭。

家长首先需要预防孩子患上心理疾病，在孩子沮丧、受挫时及时排解。随着离婚率升高，家长之间的关系破裂，对孩子来说是巨大的伤害，不少孩子因此患上抑郁症，但这并不是无法挽回的。家长需要理解孩子的思想，也要让孩子理解自己，以心换心，让孩子逐渐平静地接受事实。在孩子患上抑郁症等心理疾病以后，第一件事不是指责，不是诘问，而是理解、同情，带孩子及时就医，积极配合医生治疗，更加关心、爱护孩子。关注孩子的心理健康，及时发现及时治疗，让孩子在最美好的时候能够自由生长。

5. 家校联动，积极配合学校展开教育

虽然我国自古就讲究尊师重道，但由于家庭教育环境差别很大，部分学生目无尊长、叛逆非常，教师被学生甚至学生家长攻击类事情时有发生。家长首先就应该为孩子做出尊师重道的榜样行为，明白学校对孩子教育的重要性，不在背后随意辱骂教师，尊重教师，积极配合学校教师的教育工作。家里一套，学校里另一套，是无法教育好孩子的，只有家长、教师互帮互助，形成一致的教育方案，才能事半功倍地帮助孩子学习和成长。这样不仅有助于孩子学习成绩的提高，同样有助于孩子独立人格的发展。

二、如何做好校园教育

1. 严格执行国家规划

中共中央、国务院发布了《中国教育现代化 2035》，这是我国第一个以教育现代化为主题的中长期战略规划，明确了教育现代化的战略目标、战略任务和实施路径。中共中央办公厅、国务院办公厅印发的《加快推进教育现代化实施方案（2018—2022 年）》，是中国教育现代化的行动计划。这两个政策文件应该成为新时期各级各类教育现代化发展的重要依据，成为学校展开现代化教育工作的基本指南。教师在讲课过程中，除了以上方案，还要严格遵循新课程标准来展开授课，同时注重自身师德、师资的培育，为学生学习奠定良好的基础。

2. 做好信息化建设，积极构建智慧校园

智慧校园是当前现代化校园建设的大势所趋，与信息化建设密切相关。教学管理与信息化建设结合，能够大大节省教师安排课程的时间。教学过程与信息化建设结合，学生能够从更大的平台中获得更多的知识，这样助于他们开阔眼界，但鱼龙混杂的网络信息也需要学校进行管理，引导学生关注正确的、有益的信息。校内设施与信息化建设结合，例如一卡通的使用，可以将学生在图书馆、食堂、浴室等的使用情况记录其中，便利学生，节省时间。智慧校园的构建前期需要付出很大努力，但构建基本完成后，学生就能享受信息化校园带来的便利了。

3. 家校联动，积极邀请家长共同教育

学校单方面的教育是很单薄的。教书育人，学校目前仍是以教书为主要目的，并在学习生活中注重对学生品德等的培育，但这是不够的，需要家长尽可能地参与、配合，积极引导孩子形成好的学习生活习惯，帮助孩子树立正确的三观，养成良好的心态，将孩子培养成品学兼优的人才。此外，学校的学习任务也是需要家长监督、合作完成的。中小学学生的自制力还不够好，在课后作业的完成上，需要家长配合。

在沟通方式上，学校应该利用好家长会，面对面和家长沟通、解决问题。同时，学校应促办透明化的班级管理，让家长及时了解孩子的动向，减少教师、家长之间的矛盾。学校需要处理好教师、学生和家长三方关系的平衡，改变定性的旧体系，建立“三位一体”的教育模式，将教师教育、家长教育、学生自我教育相结合，让学生参与家校沟通，与教师、家长平等交流，家庭教育、学校教育同样需要孩子的认可和支持。

家庭教育和学校教育同等重要，在孩子的培养当中不可缺少。家长和教师都各自有着艰巨的任务，而今家校合作是现代教育中的难题，学校需要做好大头，积极带动家长共同进行教育，家长则需要积极配合。教育的和谐和成功需要家校共同努力。

参考文献：

[1] 王燕. 智慧校园建设总体架构模型及典型应用分析 [J]. 中国电化教育，2014（9）：88-93.

[2] 唐秀莉. 马克思主义哲学视野内的中国家庭教育新问题 [J]. 科教导刊（下旬），2017：155-156.

[3] 习近平总书记系列重要讲话读本 [M]. 北京：学习出版社，人民出版社，2016：78.

（作者工作单位：浠水县理工中等专业学校）

家校合作在小学数学教学中的应用

黄露涵

引　言

小学数学是小学阶段具有辅助性质的重要课程之一，该课程具有较强的逻辑性和抽象性。目前，小学数学教育以校园教育为主，家长对学生教育的参与度较低，不利于解决学生在数学学习时出现的各类问题。学校和家庭可以通过合作教育的方式改善现阶段存在的各类问题，并增加学生与家长、教师之间的沟通频率，从而更加直观地了解学生的学习状态，增强学生对数学知识的学习兴趣。

一、家校合作对小学数学教育的有利影响

（一）扩大教学范围，纠正不良学习心态

目前，小学数学教学主要局限在学校，部分学生无法在家自主完成数学知识的学习和错误纠正，这不利于学生形成正确的数学学习思维和数学学习心态，部分成绩较差的学生还会产生厌学等不良学习心理。在小学数学教育过程中实行家校合作教育可以有效解决上述问题，家长和教师可以通过家长会、微信等平台进行交流沟通，双方可以及时反馈学生的学习状态和学习问题，并合作制定出有效的教育方案，从而合理扩大数学教学范围。同时，在小学数学教育中实行家校合作模式还可以解决学生的学习心理问题，由于班级内学生较多，教师无法第一时间了解学生的学习状态，在此状况下，家长就可以定期询问学生的学习情况，并及时与教师沟通，从而纠正学生的不良学习心态。

（二）改善家长教育观念，提升学生学习自信

由于学生的学习环境是以学校为主，部分家长在学生学习过程中没有

起到良好的辅助作用，对学生的学习情况没有细致的了解。在小学数学教学中实行家校合作模式可以有效解决上述问题，家长可以在教师的帮助下了解学生的学习心理和学习需求，并根据小学数学教学要求对学生进行辅导，在此过程中可以拉近家长与孩子之间的距离，从而提升孩子的数学学习兴趣和学习自信。

二、家校合作在小学数学教学中的应用

（一）考察家庭情况，增强合作默契

一般情况下，学生所处的家庭环境能够直接影响学生的学习心理，为了有效开展家校合作教育活动，学校和家长之间应该扩大了解范围，教师可以通过询问、家访等方式了解家长的教育观念、数学水平和对学生学习的态度，以及日常生活中家长对学生数学辅导的频率，并通过交流沟通的形式增加家长与教师的互助合作频率。同时，教师也应该通过合理的方式指出家长家庭教育中存在的问题，在尊重家长的前提下帮助家长制定有效的教育方案，从而提升家校合作教育质量，增强教师与家长之间的合作默契。例如，在学习二年级数学《乘法口诀》的过程中，教师就可以先通过家长会或者网络问卷调查的形式了解家长对乘法口诀的掌握情况，对于文化水平较低或家庭生活条件较差的家长，教师还可以通过电话或者家访等形式了解家长对学生数学的教育观念和存在的辅导问题，从而结合现阶段数学教学内容制定出合理有效的家校互动合作方案。同时，家长也可以将自己所了解的学生学习情况及时反馈给数学教师，询问正确的辅导方法，并在数学教师的指导下帮助学生树立正确的数学学习观念，从而避免厌学等不良学习心理的产生。

（二）丰富交流方式，构建合作平台

随着现代信息技术和通信技术的发展，现阶段人们之间的沟通交流获得了极大的便利。为了进一步提升家校互动合作教育的效率，减少家长与教师合作教育中产生的矛盾和冲突，学校可以建立家校互动合作官方论坛或者申请相关内容的微信公众号，教师可以通过私聊或者群发等形式让家长及时了解学生在校的数学学习情况，并定期分享数学教育方法。同时，数学教师还可以要求部分数学辅导能力强的家长分享自己的数学辅导经验，以便于其他家长提升辅导质量。此外，部分学生对数学知识的掌握范

围较小，再加上不具备数学学习思维体系，这类学生在数学学习的过程中会感到吃力甚至厌学，部分家长和教师无法及时帮助学生解决这类问题，家长就可以将学生的问题上传至家校互动合作官方论坛中向其他家长寻求帮助，从而提升小学学生数学辅导效率。例如，在学习一年级下册数学“认识人民币”时，学生在课堂中无法准确理解人民币的单位换算方法，教师可将这一实际情况告之家长，向其寻求帮助，家长在实际生活中就可以通过超市购物、买菜等形式帮助学生养成正确的人民币单位换算意识，从而增强学生的数学学习效率。

（三）改善交流方式，共同促进学生进步

受到传统教育观念的影响，部分家长和教师无法正确指导学生的学习，同时，部分学生对数学学习的敏感度较低，这类学生无法及时准确地掌握各类数学知识。为了帮助各个层次学生掌握合理有效的数学学习方法，并构建独立的数学学习思维体系，家长和教师可以通过改善与学生之间的交流方式，增加与学生的互动时间来帮助学生解决上述学习问题，从而共同促进学生的数学学习进步。此外，受到教育体制改革的影响，现阶段小学数学教育要求拉近数学与生活实践之间的距离，由于学校教学环境无法满足学生对生活实践与数学知识结合的学习需求，因此，家长和教师就可以通过配合教学的形式帮助学生正确掌握此类数学知识，并通过生活实践来加深学生对该知识的学习印象。例如在学习二年级下册数学“千克和克”时，教师就可以在数学课堂中详细分析千克和克之间的关系，以及单位换算的方式，并通过举例教学的形式让学生初步了解千克和克之间的单位距离。同时，教师还可以要求家长在带领学生进行超市购物时通过实践操作的方式掌握千克与克之间的具体关系。

（四）引导家长教学，完善学生学习系统

受到传统教育观念的影响，部分家长不具备学生数学辅导能力。因此，数学教师就可以通过引导的方式帮助家长掌握学生数学辅导方法，尽可能地减少家长和教师对学生的不正确干预，从而提升学生的数学学习效率。例如在学习“混合运算”时，要求学生准确掌握加、减、乘、除法的混合运算，并计算出相关题目的结果，但因为运算难度系数较大，出错率较高，部分学生在学习过程中会用计算器直接算出结果。在此过程中，家长就应该通过引导的方式帮助学生完成数学练习题目，并及时向教师反映学生的学习问题。教师在了解情况后可以在课堂中再次讲解混合运算的运算理念和运算方法，从而帮助学生解决学习问题。

三、结束语

总而言之，受到现阶段教育体系的影响，小学数学教育模式和教学目标出现了变更，为了满足教学制度的要求和学生的学习需求，家庭和学校可以通过合作教育的形式解决现阶段数学教育中的各类问题。同时，小学阶段是培养学生基础能力和学习习惯的重要阶段，由于数学知识的抽象性和逻辑性，部分学生在学习过程中容易产生厌学心理，完善的家校合作教育能够有效地纠正学生的不良学习心态，提升家长和教师的综合水平，从而为学生创建良好的学习环境。

参考文献：

［1］张晓晓. 家校互动在小学数学教学中的应用［J］. 数学大世界，2019（11）：34-35.

［2］肖莺. 家校合作在小学数学中的应用［J］. 孩子天地，2019（28）：52.

［3］杜中华. 家校合作在小学数学开发学生潜能中的重要性分析［J］. 儿童大世界：教学研究，2019（6）：121.

［4］张呈岗. 家校合作模式下小学数学教学策略探析［J］. 考试周刊，2018（57）：102.

（作者工作单位：襄阳市宜城市南营办事处五连小学）

“卓越家长学校”提升家校共育实效性研究

张姝君

习近平总书记曾在多个场合强调家庭教育的重要性，他指出：“家庭是人生的第一个课堂，父母是孩子的第一任老师。孩子们从牙牙学语起就开始接受家教，有什么样的家教，就有什么样的人。”作为一线教育工作者，我们深知教育是需要家庭、学校、社会共同促进的。而作为民办学校的我们，更加明白取得家长信任、满意和支持尤为重要，因此一直提倡“教育即服务”，十分关注家校沟通与合作。尽管如此，校内依然存在一些问题，如部分家长对学校工作不理解、不配合，觉得出了高昂学费，一切教育问题都应该交给学校解决。

2015 年 10 月，教育部印发了《教育部关于加强家庭教育工作的指导意见》，学校借此契机制定了“家校共育三步走”计划。在计划指引下，2016 年秋，我们针对金东方小学（简称“金小”）学生自身特点、家庭状况、教育环境等一系列因素，努力构建符合金小特色的家长学校新模式，健全家长学校的系统建设，在校正式开办“卓越家长学校”。几年来，我们通过以下几种方式来不断优化、发展我校的家长学校。

一、前期调研，抓好切口

面向全体家长，学校通过发放问卷、单独沟通等方式开展调查，内容涉及课程、师资、家长需求等各个方面。通过此次调查我们发现，家长其实有很多困惑希望得到学校的帮助。作为教育合作伙伴，学校若要解决家长这些困惑，必须有课程支撑。

经过商定，我们在 2017 年秋季学期，正式确定了我校“卓越家长课程”的项目课题，同年向国家教育行政学院家庭教育研究中心申请并正式授牌为“全国家长学校建设实验学校”。至此，我们开始对家长学校的课程建设进行深入研究，并从以下三个方面出发进行了课程开发。

（1）校情学情：每所学校都有其各自的办学理念、育人目标，在学校的顶层设计之下，培养出来的学生，自然有着其专属的特点或者问题，所以从校情出发、学情出发，找出金小学子应该大力培养的地方或者急需着手改进的问题。

（2）专业引领：社会各界及区教育局近年来对家庭教育的日渐重视，催生了伍家岗区家庭教育指导师团队的诞生。而在这个专家团队的带领下，我们根据其研究列出的各项家庭教育主题，筛选了适合我校学情和家庭情况的主题。

（3）家长诉求：为了让家长更好地了解家庭教育和家庭教育涉及的内容，我们专门设置了一个家庭教育的课程清单，上面涉及的内容包括家庭教育责任与理念、儿童的身心发展特点、亲子沟通、儿童身心健康、儿童道德品质培养、儿童学业指导、儿童交往能力培养、儿童的人生生涯规划与职业规范、家校沟通与融合、新型家长素养10个方面共50多个课程内容，家长可根据课程清单勾选出诉求最强烈、最希望学校开设的课程。

二、建设课程，壮大师资

通过以上三个方面的努力，我们开发了金小卓越家长课程的相关内容，设置了38个主题，目前这38个主题基本能够涵盖我校学生成长发展中可能出现的主要问题以及我校家长急需解决的家庭教育困惑。同时为了让这些课程能够更好地得到推进，我们将所有课程分为两大类，即必修和选修。

（1）必修课包含三大板块：

① 入学课程是面向一年级新生家长的，内容涉及金小育人理念、目标、措施以及幼小衔接的方法技巧，课程目的是使家长能基本理解、认同学校，帮助孩子做好全身心上学准备等。

② 基础课程是我校特色校本课程配套的专题教育，涉及校本课程框架、内容，以及家长可以直接上手的实际操作指导，如亲子阅读指导、思维训练课程等。

③ 进阶课程是适合金小家长的基础家庭教育理念及方法，让家长在不断参与的过程中，家教观念得到潜移默化的更新，并将这些方法逐渐运用到实际生活中，如好爸爸课程、正面管教课程等。

（2）选修课则在必修课的基础上，进一步涵盖了学科指导、规则意识、责任意识、心理健康、人际交往等多个方面的不同内容，目的在于让家长可以根据家庭及孩子的情况，选择相应的课程来解决家庭教育中出现的实际问题。

虽然两类课程作用不同、职能不同，但其最终目的都是要通过课程，引导出一大批卓越的家长，让他们配合学校培养出会求知、会规划、会交往，有规则、有韧性、有担当的金小学子，即课程服务于我们的育人目标。

经过对课程的系统研究，金小卓越家长课程未来的发展之路逐渐明朗，也有了较为系统的课程框架，但讲师团的师资力量必须进一步扩大。为此，我们面向全校老师开始了讲师招募工作，截至目前共有校内专职讲师21人，其中包括1名区级家庭教育讲师，校外专家、优秀家长数人，讲师们利用其专业的学术知识、丰富的实践经验仍在不断完善卓越家长课程。

当然，仅有队伍的壮大还远远不够，本学期我们特别邀请了湖北知名的家庭教育机构“爱有方”家庭教育指导中心首席家庭教育讲师到校参与家长学校教研，并为讲师做现场示范、答疑，不仅如此，我们还借助区教育局的力量，联系“爱有方”家庭教育指导中心专职讲师定期到校为我们做师资力量培训。

三、开辟渠道，扩大影响

在家长学校的开展过程当中，我们也采取了以下方式，以扩大家长学校的辐射面及社会影响：

（1）家长学校开课前，公布每次课程的主题名称、内容、时间、讲师等信息，让家长根据孩子的年龄、性格特点、家庭情况、时间安排等因素自由选择。

（2）开辟多元渠道以满足更多家长需求，如创编家庭教育专刊《护航者》，定期推送家教微课，在校网上发布优秀家长教育心得等。

四、步入正轨，略有成效

通过对课程、师资及组织形式的不断研究和完善，目前“卓越家长学校”逐渐步入正轨，也取得了一些小小的成效：

（1）每学期家长学校课程场场爆满、座无虚席，且每次课后反馈，家长评价都非常高。不仅如此，各场报名人数少则300人，多则近700人，其中不乏很多校外家长。

（2）2017 年 5 月，我校张姝君老师在全国性家长学校建设工作推进会上就我校家长学校的建设工作做了经验分享。

（3）我校研究的课题——“卓越家长课程促家校共育实效性研究”在 2018 年获批成为省级课题，目前正在持续研究之中。

（4）2019 年 5 月，我校卓越家长学校被评为宜昌市家长示范学校。同年我校张姝君老师也正式加入宜昌市第一批家庭教育讲师团队，并成为讲师团小学组核心成员。

五、持续改进，不断优化

针对“卓越家长学校”，后期还将从以下两点继续努力：

（1）持续研究，丰富课程内容，持续开辟更多与家教专家、家长、学生对话沟通的机会，让他们引导我们进一步丰富课程内容，最终使“卓越家长课程”成为与金东方小学育人目标相契合的课程“超市”，家长可根据孩子成长过程中出现的各种问题自由选择课程。

（2）提升家校共育实效性，评价机制、氛围营造和制度建设都很重要。下学年，我们将推行“卓越家长成长护照”，建立“卓越家长积分制”，针对准新生家长建立家长档案，整合家校合作各项工作并设置不同分值，通过积分鼓励家长参与各项教育活动，期末进行“卓越家长”评选，营造家校共育良好氛围，最终构建一个良性循环的家校共育新模式。

今后，我们也将在国家政策及教育主管部门的指引下，继续加大工作力度，学习家庭教育理论，积极开发更多具有针对性的主题，以此来不断改进和完善卓越家长学校，让我们金小的家校共育工作做得更加完善，步子迈得更加稳健，因为提高家庭教育质量，促进每一个孩子进一步成长，是我们每一个教育人共同的心愿，我们相信，唯有不断坚持，方知欲行何处！

（作者工作单位：宜昌金东方小学）

理论研究篇

幼儿园教师对家庭教育指导现状的自评与家长他评的比较研究

陈红梅　李　露

众所周知，习近平总书记非常重视家庭教育工作，他强调："孩子们从牙牙学语起就开始接受家教，有什么样的家教，就有什么样的人。"家庭是对幼儿身心健康成长影响最大的微观系统，家长是对幼儿发展起最关键作用的重要他人。然而，现实家庭教育场域中，家长实施家庭教育的理念和行为却是参差不齐的，许多家长的科学育儿能力亟待提升。2015 年教育部印发的《关于加强家庭教育工作的指导意见》中明确提出：加强中小学幼儿园家庭教育工作的指导非常迫切而且意义重大。2016 年教育部最新改版的《幼儿园工作规程》也强调：幼儿园家长工作的任务是"面向幼儿家长提供科学育儿指导"。基于此，省教育厅关工委研发的省编家庭教育教材《家有儿女》，就成了武汉市各幼儿园开展家庭教育指导的理论和实践指导的重要依据。

为了了解当前武汉市幼儿园开展家庭教育指导的现状，提高家庭教育指导的实效性，武汉市教育科学研究院课题组在武汉市中心城区对武昌区幼儿园教师和家长进行了关于家庭教育指导胜任力的问卷抽样调查。调查工具采用课题组自编的《幼儿园家庭教育指导现状调查问卷》，问卷分为教师问卷与家长问卷。此次调查主要通过"问卷星"这一专业问卷网络平台发放问卷。课题组对武昌区各级各类幼儿园大、中、小班的一线幼儿园教师和家长按一定比例进行了抽样，实施了家庭教育指导胜任力的抽样问卷调查。能统计到的都是有效问卷，共回收 802 份幼儿园教师问卷，1972 份家长问卷，有效率为 100%。采用数据分析软件 SPSS 22.0 对调查数据进行科学处理。统计数据显示，幼儿园教师对家庭教育指导现状的自评与家长他评在大多数选项中存在一致性，但在部分选项中教师的自评与家长的他评存在统计学意义上的差异（$p<0.05$）。本研究重在对教师视角和

家长视角进行比较研究，探讨参与家庭教育指导的两大主体对当前幼儿园家庭教育指导现状评价的差异，从而帮助幼儿园教师更深入地反思依托省编家庭教育教材《家有儿女》开展家庭教育指导时存在的问题，为更好地提高幼儿园教师家庭教育指导胜任力提出合理化建议。

一、幼儿园教师对家庭教育指导现状的自评与家长他评存在客观差异

1. 对家庭教育指导师资选择的比较

调查数据显示，在教龄方面，教师比家长更看重教龄对教师胜任力的影响，其评分均值为3.93，家长评分均值为3.70。结合表1的交叉分析可以发现，教师自评认为家长会倾向于选择带孩子的实践经验丰富的教师进行咨询和指导。而家长他评的选择表明，家长更倾向于选择孩子在幼儿园的直接责任人——班主任。教师与家长对师资选择的差异说明，并不是如许多年轻教师所想的那样，家长会挑资深、年长的教师进行家庭教育指导。现实说明，家长很务实，更在意的是对孩子负有直接管理责任的班主任，因为班主任既懂专业也了解孩子。而许多年轻教师特别在意的教龄，家长并不特别关心，这一结论可以有效扫清年轻教师们从事家庭教育指导工作时的心理障碍。

表1　家庭教育指导师资选择的交叉分析结果

题目	选项	身份类型		总计	χ^2	p
		家长	教师			
		数量（百分比）	数量（百分比）	数量（百分比）		
家长：您向幼儿园教师寻求帮助时一般会选择什么样的教师？ 教师：您认为家长寻求家庭教育帮助时一般会选择什么样的教师？	关系比较亲近	104（5.27%）	32（3.99%）	136（4.90%）	596.470	0.000**
	比较了解孩子	640（32.45%）	179（22.32%）	819（29.52%）		
	孩子的班主任	971（49.25%）	212（26.43%）	1183（42.66%）		
	带孩子的实践经验丰富	146（7.40%）	225（28.06%）	371（13.37%）		
	方便，符合我的时间安排	18（0.91%）	149（18.58%）	167（6.02%）		
	教育管理人员	22（1.12%）	3（0.37%）	25（0.90%）		
	随便哪个老师都可以	64（3.25%）	2（0.25%）	66（2.38%）		
	其他	7（0.35%）	0（0.00%）	7（0.25%）		

注：*为 $p<0.05$，**为 $p<0.01$，***为 $p<0.001$。后同。

2. 对家庭教育指导关注点的比较

表 2 显示，教师自评认为家长对孩子发展的关注点会倾向于行为习惯、身体健康、学习知识、心理健康四个方面，但家长他评的选择则倾向于行为习惯、心理健康、身体健康。这种差异表明：实际上当前家长的教育观念比幼儿园教师所想象的已经有了较大的改观，逐步向理性和科学的方向发展。

表 2　家庭教育指导关注点的交叉分析结果

题目	选项	身份类型		总计	χ^2	p
		家长	教师			
		数量（百分比）	数量（百分比）	数量（百分比）		
家长：您在教育孩子时，您最关注孩子什么方面的发展？教师：您认为家长最关注什么方面的发展？	身体健康	323（16.38%）	226（28.18%）	549（19.79%）	299.143	0.000**
	生活自理	40（2.03%）	31（3.87%）	71（2.56%）		
	行为习惯	810（41.08%）	263（32.79%）	1073（38.69%）		
	学习知识	44（2.23%）	113（14.09%）	157（5.66%）		
	技能培养	32（1.62%）	25（3.12%）	57（2.05%）		
	心理健康	536（27.18%）	82（10.22%）	618（22.28%）		
	兴趣爱好	63（3.19%）	5（0.62%）	68（2.45%）		
	社会交往	68（3.45%）	40（4.99%）	108（3.89%）		
	其他	56（2.84%）	17（2.12%）	73（2.63%）		

3. 对家庭教育指导主要内容的比较

在幼儿园开展家庭教育指导的主要内容方面，教师自评与家长他评在许多方面是一致的，但在孩子的学习、家长教育孩子的困难、在幼儿园遇到的难题、需要双方配合、作为幼儿家长应承担的职责与角色五个方面存在显著差异（如表 3 所示）。在家庭教育指导的需求方面，教师自评与家长他评在“需要双方配合的事情”“作为幼儿家长应承担的职责与角色”两个选项上存在较大差异。可见，幼儿园教师对家庭教育指导工作的理解和认识比家长更具广度和深度，他们已经意识到家庭教育指导的重点是帮助家长自身转变角色和与幼儿园有效互动，家庭教育指导应以家长的成长为主体。而家长却更倾向于以幼儿为中心来开展家庭教育指导，并没有深

表 3　家庭教育指导主要内容 t 检验分析结果（节选）

题目	选项	身份类型		t	p
		家长	教师		
		平均值±标准差	平均值±标准差		
家长：您与幼儿园老师交流的问题一般都是什么内容？ 教师：您与家长交流的问题一般都是什么内容？	孩子的学习	0.39±0.49	0.59±0.49	−9.898	0.000**
	家长教育孩子的困难	0.62±0.49	0.87±0.34	−15.360	0.000**
	需要双方配合的事情	0.29±0.45	0.54±0.50	−12.164	0.000**
	在幼儿园遇到的难题	0.40±0.49	0.50±0.50	−4.624	0.000**
	作为幼儿家长应承担的职责与角色	0.61±0.49	0.76±0.43	−7.892	0.000**

刻意识到自身也需要成长以及家园互动也能有效促进幼儿成长。

4. 对家庭教育指导组织形式的比较

表 4 数据显示，对比教师自评与家长他评的数据可以发现，双方所认

表 4　家庭教育指导组织形式的交叉分析结果

题目	选项	身份类型		总计	χ^2	p
		家长	教师			
		数量（百分比）	数量（百分比）	数量（百分比）		
家长/教师：您认为哪种家庭教育指导方式最有效？	家长会	268（13.59%）	103（12.84%）	371（13.37%）	387.470	0.000**
	家园联系手册	111（5.63%）	11（1.37%）	122（4.40%）		
	家长开放日	409（20.75%）	61（7.61%）	470（16.93%）		
	电话	35（1.77%）	39（4.86%）	74（2.67%）		
	接送交流	223（11.31%）	167（20.83%）	390（14.06%）		
	家长园地	21（1.06%）	3（0.37%）	24（0.87%）		
	书面通知或信函	5（0.25%）	1（0.12%）	6（0.22%）		
	亲子活动	314（15.92%）	44（5.49%）	358（12.91%）		
	家访	71（3.60%）	109（13.59%）	180（6.49%）		
	家长学校讲座	131（6.64%）	59（7.36%）	190（6.85%）		
	QQ 或微信	204（10.34%）	32（3.99%）	236（8.51%）		
	网站或公众号	11（0.56%）	1（0.12%）	12（0.43%）		
	日常随机交流	92（4.67%）	105（13.09%）	197（7.10%）		
	个别咨询	65（3.30%）	59（7.36%）	124（4.47%）		
	其他	12（0.61%）	8（1.00%）	20（0.72%）		

为的有效的组织形式存在较大差异。教师自评认为有效的组织形式前五名是接送交流、家访、日常随机交流、家长会、家长开放日，以传统沟通和合作方式为主；而家长他评认为有效的组织形式前五名是家长开放日、亲子活动、家长会、接送交流、QQ 或微信，更强调家长的参与性和体验性，可见家长对家庭教育指导的组织形式的要求更趋现代化。这意味着幼儿园教师要理解家长对现代家庭教育指导组织形式的需求，尽可能多地采用更具互动性和体验性的组织形式，吸引家长主动参与，从而提高家庭教育指导的效果。

5. 对家庭教育指寻实际效果的比较

调查数据显示，大多数教师和家长认可目前幼儿园开展家庭教育指导的成效，但教师的认可度稍高于家长，这表明教师自我评价较高，可能存在孤芳自赏的盲目乐观。如表 5 所示，幼儿园教师对目前家庭教育指导活动内容的丰富性和针对性，呈现出较高的认可度。而家长对家庭教育指导活动内容的丰富性和针对性认可度较教师偏低。在幼儿园提供的家庭教育指导的效果上，教师的认可度明显高于家长。虽然超过半数家长认可幼儿园的家庭教育指导形式比较丰富，但仍有 11.05％的家长表示没有效果或不清楚。这说明，家庭教育指导信息提供方与家庭教育指导信息接受方之间存在着信息不对等的差异，这是幼儿园教师需要深刻反思的问题。

表 5　家庭教育指导实际效果的交叉分析结果

题目	选项	身份类型		总计	χ^2	p
		家长	教师			
		数量（百分比）	数量（百分比）	数量（百分比）		
家长/教师：您认为目前幼儿园组织的家庭教育指导活动效果如何？	效果很好	653（33.11％）	311（38.78％）	964（34.75％）	1812.786	0.000**
	效果较好	1037（52.59％）	429（53.49％）	1466（52.85％）		
	效果较差	64（3.25％）	32（3.99％）	96（3.46％）		
	没有效果	34（1.72％）	6（0.75％）	40（1.44％）		
	不清楚	184（9.33％）	24（2.99％）	162（7.5％）		

6. 对家庭教育指导影响因素的比较

描述统计发现，教师自评与家长他评均认为，时间与精力是影响双方开展或参与家庭教育指导的主要因素。在开展家庭教育指导工作时。教师自评最缺乏的是时间、经验、方法和培训，分别占比 29.43%、23.32%、17.08%、10.47%；在家长他评中，有 61.61%的家长认为工作忙碌、没有时间精力是影响其参加家庭教育指导活动最主要的原因。在家庭教育指导的频率方面，每月一次是大多数教师与家长的共同选择。在开展家庭教育指导活动的时长方面，教师与家长的认识趋于一致，1～2 小时是大多数教师与家长的选择。

教师自评与家长他评的差异（如表 6 所示）主要表现在次数上，家长更倾向于选择每月一次接受家庭教育相关服务，占比 63.39%，教师仅占

表 6　家庭教育指导影响因素的交叉分析结果

题目	选项	身份类型		总计	χ^2	p
		家长	教师	数量（百分比）		
		数量（百分比）	数量（百分比）			
家长/教师：如果您有意愿接受幼儿园家庭教育指导相关服务，您认为多久一次较为合理？	不愿意接受	8（0.41%）	7（0.87%）	15（0.54%）	125.583	0.000**
	一学期一次	449（22.77%）	347（43.27%）	796（28.70%）		
	每月一次	1250（63.38%）	389（48.50%）	1639（59.08%）		
	半月一次	156（7.91%）	36（4.49%）	192（6.92%）		
	每周一次	94（4.77%）	21（2.62%）	115（4.15%）		
	每周两次	15（0.76%）	2（0.25%）	17（0.61%）		
家长/教师：您每次愿意接受的服务时长是多久？	1 小时以下	863（43.74%）	270（33.66%）	1133（40.84%）	31.264	0.000**
	1～2 小时	1059（53.71%）	500（62.34%）	1555（56.06%）		
	2～3 小时	39（1.99%）	27（3.37%）	66（2.38%）		
	3 小时以上	11（0.56%）	5（0.62%）	16（0.58%）		
家长/教师：您认为适合开展家庭教育指导的时间段是什么样的？	工作日	305（15.47%）	443（55.24%）	748（26.96%）	496.689	0.000**
	下班后	598（30.33%）	199（24.81%）	797（28.74%）		
	双休	500（25.35%）	77（9.60%）	577（20.80%）		
	寒暑假	87（4.41%）	24（2.99%）	111（4.00%）		
	无所谓	482（24.44%）	59（7.36%）	541（19.50%）		

48.50%；在时长上，希望时长为1～2小时的教师占比62.34%，家长占比53.72%；在时间段的选择上，幼儿园教师的选择较为集中，55.24%的教师认可在工作日开展家庭教育指导。家长的选择则较为分散，30.32%的家长期望下班后参加，25.35%的家长期望双休参加，24.44%的家长则表示无所谓。可见，教师比家长更在意时间段的选择。大多数教师期望在工作时间开展家庭教育指导，特别不希望安排在双休。而家长更期望在非工作时间，在双休开展家庭教育指导活动的意愿更强烈。这也是幼儿园教师必须要面对和克服的困难。

二、提高家庭教育指导实效性的合理化建议

通过教师视角和家长视角的对比，我们可以清楚地发现大多数家长都对当前幼儿园教师开展的家庭教育指导活动表现出了充分的肯定和认可。但我们也要清醒地认识到，在家庭教育指导的实际工作中，普遍存在着教师自我评价较高，可能存在孤芳自赏的盲目乐观。一些幼儿园教师不了解家长的具体需求，对家长的期望值和要求都过高，而最终造成幼儿园家庭教育指导工作吃力不讨好的现实困境。我们不能对家长有苛求，更不能一味抱怨家长。作为理性的教育工作者，我们要意识到科学引领和指导家长是一项任重道远的工作。我们更期待幼儿园教师更深入地学习并结合实际灵活用好省编教材《家有儿女》，努力在家庭教育指导理念上实现三个转变，在实践中通过科学多样的家庭教育指导活动来弥合两者评价上的差异，提高幼儿园教师开展家庭教育指导工作的实效性。

1. 努力变“教师中心”为“家长中心”

前面调研数据显示，对幼儿园教师组织的家庭教育指导活动的主要内容和组织形式的评价，教师自评与家长他评差异较大，教师自评的认可度明显高于家长他评。这一方面表明幼儿园教师对自己开展的家庭教育指导工作的效果很有自信，但另一方面也反映出教师中心主义的色彩比较深厚。幼儿园教师在开展家庭教育指导活动时，更多地是以自我为中心，选择自己认为重要的内容和可行的形式，并未站在参与对象家长的角度来考虑问题。现在的年轻家长虽然专业性可能不如幼儿园教师，但其视野及综合素养并不低。调研中发现，家长更愿意参与互动性和体验性强的家庭教育指导活动。这表明，家长对家庭教育指导工作有自己的需求和看法，家长的不同观点可以促进幼儿园教师更好地反思自己的思维方式，努力克服“教师中心”主义。教师依托省编教材《家有儿女》开展家庭教育指导工

作时，一定要前期做好充分的调研工作，将教材的内容与本园家长的实际需要有机结合，采用互动和体验的家庭教育指导形式，最大限度地尊重和满足家长对家庭教育指导的需求，吸引家长高度重视家庭教育工作，积极参与家庭教育指导活动。

2. 努力变“我方便”为“家长方便”

时间是幼儿园教师和家长在开展家庭教育指导时面临的共同的影响因素。在家庭教育指导活动的时间安排方面，教师常常为了自己工作方便，习惯性地把家庭教育指导活动安排在工作时间段。但对于广大家长尤其是工薪族而言，更希望是将活动安排在下班后和双休。因此，幼儿园教师要在时间上多考虑家长的需求，时间的安排一定要方便家长的参与。如果有必要甚至可以适当牺牲一些自己的业余时间。同时，要科学合理地安排不同内容、不同形式的家庭教育指导活动，让不同需求、不同类型的家长都能参与家庭教育指导活动。

3. 努力变“要我学”为“我要学”

从目前数据显示来看，幼儿园教师普遍对家长的期望值较高，希望家长能够和自己在家庭教育的理念与行为上达成一致。但现实是，许多家长对幼儿园教师专业性的期望值很高，而对自己在家庭教育中的角色并没有明确认知，对自己科学育儿能力方面的成长也并没有主动要求。所以，他们更多的是关注自己孩子的问题，往往是出现了问题才向幼儿园教师寻求帮助，并没有意识到，自己才是教育的主导者，孩子的很多问题都与自己的家庭教育有关。如果家长自身不能从保姆的角色转变为教育者的角色，没有在家庭教育方面形成强烈的自我成长的动机，幼儿园教师开展再多再丰富的家庭教育指导活动都很难达到预期的目的。所以，幼儿园教师依托省编教材《家有儿女》开展家庭教育指导活动，绝不能照本宣科和机械照搬，而要创造性地根据家庭教育的薄弱点和家长教育需求的兴趣点来调动家长参与家庭教育指导的积极性和主动性。首当其冲，即是要想办法破解家长被动学习的状态，让家长明确自己的教育角色和教育责任，主动采用科学的方法来实施家庭教育，不断提高家庭教育的水平，从而促进孩子身心健康成长。特别要增强家长主动学习和成长的意识，激发其参与家庭教育指导活动的主动性和积极性，由“要我学”变成“我要学”，那么幼儿园家庭教育指导才能起到事半功倍的效果。

（作者工作单位：武汉市教育科学研究院；武汉市直属机关健康幼儿园）

内地新疆高中班代理家长制的行动研究

——以武汉市汉铁高级中学内地新疆高中班为例

曾建发　张晓琴

武汉市汉铁高级中学（简称汉铁高中，原称汉口铁中），创办于 1947 年 7 月，是首批湖北省重点中学、湖北省示范学校。为落实党中央、国务院要求，武汉市汉铁高中自 2011 年秋季承办内地新疆高中班（以下简称内高班）。目前，学校 1700 多名在校生中内高班三个年级共计 340 名左右的学生从新疆来到武汉，远离家庭开始住校生活，每年暑假返疆回家一次。在家庭教育缺位的情况下，如何做好学校、家庭、社会在学生教育中的协调工作，尤其是补齐家庭教育短板的工作就显得尤为重要。

一、实践与成效

建班初期，学校就发现每到周末和节假日，内高班学生基本上只能在校园活动或者到校园周边短时间外出活动，他们不能回到家长的身边感受家庭的温暖和依靠，也没有与亲人面对面沟通的自在与温情。为了补齐处在人生观、世界观和价值观形成关键期的青少年在家庭教育方面的短板，学校决定实施代理家长制工作，开展代理家长活动。

（一）实践探索

一是形成共识，制定方案。学校在广泛征求意见并认真研讨的基础上制定了代理家长的工作方案，同时，在广大教师中积极宣传活动的价值和意义，形成全校教师的共识。二是积极开展活动。学校采取师生自愿选择的原则让师生填写活动参加意愿，学校新疆部根据师生意愿举办签约仪式，按照协议约定确认双方可以开展的活动和内容，主要是老师带领学生开展活动和帮扶的内容。三是强化管理。协议签订以后，学校新疆部积极加强过程管理，对师生双方活动开展的情况进行跟踪，分别开展师生座谈会，下发调查表，开展满意度测评，将调研和测评结果作为考核评价教师参加代理家长活动开展情况的依据。四是结果反馈。学校根据考核评价结果评定等次，并及时反馈给代理家长（包括非本校的党政机关和企事业单位代理家长），按照不同等次将本校作为代理家长的教职工工作进行量化并纳入绩效考核。五是经验交流。让积极参与代理家长工作的教职工撰写心得体会，在教职工大会上进行经验交流，并评出先进代理家长开展表彰活动。六是适度调整。对在代理家长活动中考核等次差的教职工，在指出问题、交换意见、充分沟通的基础上，进行适度调整。

（二）成绩效果

民族团结意识深入人心。通过代理家长个别和学校集体开展“五个认同”“三个离不开”的教育，通过对“三股势力”反动本质的深刻剖析，内高班学生充分认识到加强民族团结的重要性，在学校每年的发声亮剑活动和“课外访万家”新疆家访活动中，学生和家长表现出较高的政治觉悟、政治意识和深厚的感恩情怀，民族团结的政治意识和自觉性深深扎根于师生和家长的心中。

民族团结辐射深刻显著。除本校教师外，学校在向省、市、区各级组织汇报实施代理家长制的过程中，各级领导也被我校代理家长工作的意义所打动，大家主动申请参与到学校代理家长的工作之中，请求学校帮助安排结对牵手内高班学生，很多代理家长在学生上大学以后还与其保持密切联系，有些已从学校调出了的教师也仍然与牵手学生保持代理家长关系，爱心企业人士也积极加入学校扶困济贫、助学捐资的活动中来，民族团结辐射出强劲的穿透力。

民族团结互助深远延绵。代理家长活动中涌现出一大批优秀教师，有的老师替学生缴纳大学学费，有的为学生购买手机，有的给予学生生活费的资助，有的为学生购衣买物，有的每月与学生一起外出就餐，有的邀请学生与家人一起外出游玩，有的把学生接到家中团聚，有的单独辅导学生学科知识，有的春节不外出陪学生过春节，有的给学生家长邮寄武汉特产……

民族团结情感深情厚谊。代理家长活动的深入开展，有力地增进了民族团结和民族情感。很多老师都经常跟学生家长保持电话或者视频联系，有的老师像对待自己的孩子一样经常接学生到自己家中，学生们都亲切地称呼老师们“爸爸妈妈”。老师们在暑期“课外访万家”新疆家访活动中都特意去自己牵手的学生家中看望家长和学生并带去慰问品。学生们也亲切地把武汉称为他们的第二故乡，很多学生上大学或者大学毕业后还特意来汉看望他们的“爸爸妈妈”。

交往交流交融深度融合。学校倡议开展代理家长“十个共同”的活动，代理家长在与牵手孩子交流相处过程中，可选择：①每学年带牵手孩子共同外出游览 1 次；②每个月共同交心谈心 1 次；③每个月与牵手孩子共同就餐 1 次；④每学期与牵手孩子共同读 1 本好书，交流读书心得；⑤每个月与孩子共同开展 1 次学科学习；⑥每学期与牵手孩子共同给孩子家长写一封信，沟通孩子的成长；⑦每年与孩子共同过 1 次生日（孩子或代理家长的生日均可）；⑧每年与孩子共同购物 1～2 次；⑨每年与孩子共同学习 1 项技能；⑩每年陪伴牵手孩子过 1 次中华民族的传统或少数民族的重要节日，了解节日文化。此外，学生的混班教学、学科模块教学、不同民族学生混住、结对友好班级、不同民族学生手牵手、市区党政和机关领导代理家长等等，都为学校内高班学生与本地师生的交往交流交融提供了有力的支持。

二、问题与反思

内高班代理家长制工作取得可喜成绩的同时，实施过程中存在的问题我们也必须做出理性思考。

（一）内高班代理家长制存在的政策风险与法律责任

代理家长是一种好意施惠的爱心传递，是师者仁心的自发善举。代理家长的牵手工作是按照师生意愿由学校确定的，代理家长既不是监护人，也不是法定代理人，教师在带领学生外出就餐、购物、参观、游乐等过程中对权利义务、安全责任和法律责任的约定和界限模糊。加上代理家长的认识能力、协调能力、沟通能力、经济能力以及与学生生活的环境差异和文化差异，导致了作为代理家长的教师在风险管控特别是安全风险的管控上的能力差异或者不足．如果政府和学校不给予相应的约定，一旦风险管控失效，就会引发安全事故、社会舆情或法律纠纷 。

（二）内高班代理家长的知识储备与能动性参差不齐

尽管内高班学生的适应性较全国平均水平高，但内高班学生与本地学生在语言能力、知识储备、文化环境、心理疏导、城乡差别等方面的差异，加之对内高班政策的理解差异，就需要代理家长具备丰富的知识面和较强的政策理解能力，做到因材施教、因势利导。而很多代理家长并不具备这方面的专业知识和相应的专业培训，有的代理家长仅凭学校的工作要求和安排按部就班地履行代理家长的工作，其参与代理家长工作的主观能动性和责任心不强，会使得代理家长的工作适得其反，这也是值得思考和改进的地方。

（三）内高班代理家长的遴选与管理机制有待规范

内高班代理家长制与留守儿童、寄宿制学校、农民工子女学校代理家长制不同。内高班学生有其自身的特点：从新疆到内地环境不同，外出学习而不是留守学习，接近成年而不是幼小，饮食差异明显。内高班代理家长全员参与式的选聘也会导致代理家长的水平参差不齐。以行政指令的形式要求教师人人参与代理家长活动又与好意施惠和自发善举的初衷相悖。同时，学生心理问题和青春期交往的问题也急需有心理咨询专业的代理家长来参与，部分学生对代理家长分配制度、学校周末外出管理制度、奖学金和助学金发放制度、外出参观考察制度等学校管理方面的制度仍不是十分了解，这些都有待进一步调整和理顺。

三、对策与建议

（一）政府要牵头对内高班代理家长制工作进行规范

鉴于代理家长工作存在法律法规和政策风险，而涉及新疆学生安全问题的突发事件舆情风险管控存在很大的不确定性，一旦发生事故，代理家长和学校在维稳工作的相关责任义务将被放大和追究。因此，应该由政府出台内高班代理家长制管理工作的相关规定，明确代理家长的相关权利义务，规范代理家长的行为规范，制定代理家长的追责、免责与激励奖励办法，使得代理家长制工作有章可循、有序开展，而不是畏缩不前。这样，既补齐了学生在家庭教育缺失上的短板，又使得活动能够有据可依、有条不紊地开展，确保活动效果、教育意义和教育价值。

（二）学校要积极组织开展内高班代理家长的培训

一个好家长是不断学习的结果而不是天生得来的，做好内高班代理家长更需要组织专门的培训。代理家长也不是全能冠军，因此我们可以参考学生需求和“十个共同”方面的要素，组织全体代理家长进行内高班政策法规、新疆风土人情、学生整体学业水平、学生本土的生活习惯和生活环境等方面的综合学习，聘请优秀代理家长介绍经验，邀请学生交流牵手活动的收获和感受。教育对心理素质的提高起着决定性的作用，学校可以聘请心理咨询老师进行个案分析培训，使得代理家长工作更具针对性、专业性和有效性。

（三）学校要提高内高班代理家长工作的管理水平

内高班代理家长工作的管理不是孤立的，而是要积极向代理家长介绍学生在学校的各项活动，把代理家长的工作与教育教学、访万家活动、内派教师工作、心理咨询和辅导、生生结对、班班结对、社团活动、模块教学、参观考察、兴趣爱好、生活情趣等结合起来，加强校纪校规和自律教育，积极开展青春期教育，完善学生周末外出管理，充分地满足师生的合理需求，对师生不合理的诉求要进行必要的解释和劝解。这样才能使得代理家长工作在“严、爱、细”方面有深度、有宽度、有温度、有浓度、有亮度，发挥不同年龄段代理家长的优势，达成各族师生、生生的深度融合。

学校秉承“绿色、人文、科学、创新”的办学理念，依靠“文理并重、艺体凸现、民族教育、和谐发展”的办学特色，以立德树人为根本目标，紧紧围绕“培养什么人、怎样培养人、为谁培养人”这一根本问题，在各民族师生中深入开展爱国主义教育、社会主义核心价值观教育、民族团结教育、法治教育和公民意识教育，充分利用代理家长等各种形式，持续搭建各民族师生交往交流交融平台，呈现出各民族师生和谐共处、各民族文化融合交汇的可喜局面，民族团结的雪莲花在汉铁高中竞相绽放。

近年来，新华社、《人民日报》、中央电视台、《光明日报》等各大媒体多次对学校民族工作进行了采访和报道。内高班中有三名学生分别被推选为“湖北省向上向善好青年”“全国最美中学生”；内高班集体荣登“湖北工人先锋号”“‘荆楚楷模’十大年度人物”“湖北好人榜”“中国好人榜”；学校也获评“全国民族团结进步模范集体”“全国文明校园”“全国中小学国防教育示范学校”“全国五四红旗团委”。内高班各族学生的表现得到了社会的广泛好评，新疆媒体称赞他们“以金子般的品质展现了新疆人的新形象”，《光明日报》点赞他们是“盛开在江城的雪莲花”，武汉市汉铁高级中学更被新华社赞誉为：“让诚信之花结出崇德向善之果”。

（作者工作单位：武汉市汉铁高级中学）

激活“4+”磁场效应　呈现“责信”新样态

——在“四位一体”教育协作中推进责信德育的行动研究

李　洁　郑　波

“诚信”即诚实守信，是公民基本道德规范之一，是人类社会千百年传承下来的道德传统，也是社会主义道德建设的重点内容。“中国学生发展核心素养”六大素养之一的“责任担当”也明确提出了社会责任、国家认同、国际理解的具体要求。

基于区域诚信教育和责任教育工作基础，武汉市江岸区教育局创新德育顶层设计，突出社会主义核心价值观中的“诚信”和中国学生发展核心素养中的“责任担当”两大关键词，倡导开展责信德育。

按照《江岸区小学推进责信德育工作的实施意见》要求，二初学区育二小学片内八所学校基于当下教育改革与学生发展需要以及学生、家长、学校的现状，以“在‘四位一体’教育协作中推进责信德育”为主题开展行动研究，遵循“同频共振　深度融合”的工作理念，形成了散点式布局（多点扩散）、网格状操作（相互支持）、多样化填充（丰富内涵）构建责信德育的动力群，激发群动力，聚焦学生责信能力的提升，使学区内各校能够“1（学校）+3（家庭、社区、协作单位）>4”，产生了磁场效应。

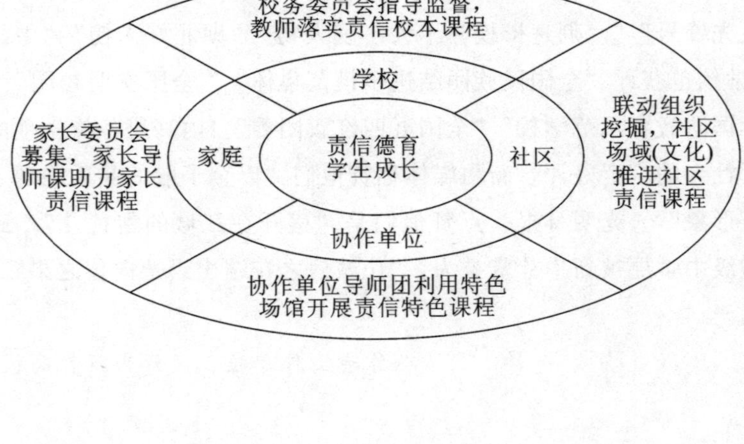

一、构建多元共治责信体系，形成教育磁场同心力

在研究过程中，育二学区构建了“四位一体”同心圆式多元共治体系，从封闭走向开放、控制走向协调、一元统管走向多元共治。这里既有参与对象的多样性，又有场域的广泛性；既有资源的融合，也有课程的渗透。

1. 价值导向，引领共治

对于以学校为主体的责信德育工作来说，学校、学生、家长乃至社会都可能是受益者：学生能够养成良好的责信品质，家长能够增强幸福感，教师能获得社会认同感，社区能提升整体品质。基于这样的一致化，就驱动了家、校、社、企责任使命的形成，也使四者间产生了关联，将共同的价值导向作为责信德育行动的起点，从而形成了育二学区专业引领、人人参与的多主体责信德育管理体系。

2. 变革结构，赋权共治

育二学区变革责信德育工作的组织结构，努力激发内部活力：从层级式到同心圆式，从单一中心到多个中心，从少数主体到多元主体，形成了责信德育学区联动微组织、校务委员会、家长委员会、单位导师团等等不同组织形式，并赋予指导、挖掘、监督、评价等等权利，让家、校、社、企以合作伙伴的态度主动参与到责信德育工作中来。其中的联动微组织是根据学区特色，基于责信德育养成的不同目标或相关专题形成的联动小组，成员包括教育局职能部门分管领导、学区校的德育干部、主要社区的社群干部、重点企业的分管干部。

3. 完善制度，保障共治

为了保证四位一体参与责信德育的有效性，育二学区形成了《片区学校学习研讨制度》，区域学校定期学习交流，成员校参与实践研讨全过程；实施《“四位一体”资源开发制度》，八所学校主动与社区、单位、家庭开展有效互动，并将有效资源和经验在片区内共享；建立《课题档案制度》，加强过程管理，做好资料积累和整理工作，建立课题组档案及资源库。此外，在研究过程中，育二学区还研发了《责信德育进社区工作制度》《责信德育之小小楼栋长制度》等等二十余个制度，将制度保障、课题研究与实践探索紧密结合，从而提高了“四位一体”的合作意识和能力。

二、开发“四位一体”优质资源，激活教育磁场共振力

学区各校以立德树人为根本，以问题需求为导向，充分发挥学校教育主导作用、家庭教育主体作用、社会和单位教育参与作用，基于学生的需要，去寻找补充学校教育以外的资源，去挖掘“四位一体”合作叠加的优势，去发现多方链接带来的惊喜，去重视全方位投入赋予教育的意义，整合多方资源，构建多元课程，拓展实践活动，深化学生的责信行为，提升责信德育的品质。

1. 开发家校社协作的微组织资源

形成良好的家校社关系是对责信德育行动研究的最大赋能。我们通过不同职能、不同区域、不同形式的家校社微组织，构建新型的家校社合作渠道，发挥好校务委员会、家长委员会功能，探究交流微社群、家长微社团、家校微职务等多种微组织功能，推进校园、家庭、社会“三维”立体建设，拓宽责信德育工作社会化途径，形成校内外教育链，提高学生责信实践体验活动的实效。

武汉市育才怡康小学启动“家长讲坛”，开设“家长课堂”，增设“家长志愿者”，拓展家长参与领域，开放办学，让更多热心于教育，有志于见证学校发展和学生成长的社区人士、家长们投入到学校的教育教学工作中，形成家长参与学校共治的固定化研究制、常态化工作制、动态化评价制。武汉市育才第二小学以“理念共识、资源共享、优势互补、品牌共建”为宗旨，开展的“家长学院”更是让家长走进教室成为学生，走上讲台成为教师。家长们乐于把自己的时间、精力、专长献给学校和孩子们，学校专业指导+家长专业知识，生成了孩子们超级喜欢的“家长责信德育讲堂”，“小小理财家”“收纳小达人”“法律小讲堂”“保护我们的牙齿”……缤纷多彩的趣味责信德育课程为孩子们开启了一个个全新的视窗。武汉市育才可立小学创设延时满足情境，开展团队责信下的隐性价值研究，体现师生间的责信；模拟心理游戏现场，开展团队责信的显性价值研究，体现生生间的责信；重现现实案例，开展团队责信的合作价值研究，体现家校间的责信，在实践中体验，在体验中达成教育共识，“四位一体”开展团队的责信教育研究。武汉市育才同安小学以“巧手自理节”校园活动为载体，积极开发具有校本特色的德育生活化课程，让家庭成为培养基地，让生活成为实习场所，将家庭教育、学生自我内化提升、校园特色形

成有机融合。

2. 开发社区文化融合的教育资源

在推进责信德育行动研究中，社区是不可或缺的重要资源。家庭、学校本身位于社区之中，父母、教师和孩子本身也是社区的重要成员。因此，我们从社区融合教育功能开发、社区责信教育文化建设等方面开展行动研究，引领与提升社区教育意识，实现家庭和学校真正地融入社区，利用区域教育资源开展不同形式的社区责信课程，推进对学生的责信德育研究成效。

百步亭社区是全国文明示范社区，是湖北省内荣获首届“中国人居环境范例奖”的唯一社区。武汉市育才家园小学依托“百步亭”社区品牌优势，建立起学校、社区、家庭区域性大教育网络，以“小肩膀、大担当”教育为主线，倾力打造中华传统文化主题教育活动。通过校社联动，请进来——邀请社区志愿者、家长志愿者参与，共同分享学习中华传统的文化；走出去——走进“大家”，结合百步亭社区的丰富资源，探索在新常态下“小小楼栋长”“志愿者服务”“校园文化节”“最美我家”等家风传承、传统文化传承的延伸与创新。武汉市育才二小探索“异境·同成”责信德育策略，让责信教育情境化、情境活动个性化、活动载体精致化，孩子们在社区研学情境课程、社区讲堂情境课程、社区“微爱”情境课程以及社区专题情境课程中，感受到自己身为社区小居民的使命感和责任感。

3. 开发责信德育的场馆化资源

育二学区积极探索将场馆教育融入课堂的形式，有效构建社会场馆教育机制，借用场馆的特色和亮点，进一步深化“课程思政”教育理念，充分发挥场馆教育功能，内化于心，外化于行，努力实现育人功能。

武汉市育才怡康小学落实非遗文化课程，与武汉人民艺术剧院共同签订教育合作协议，正式成为木偶艺术教育实践基地。在“我是小小守护人”研学旅行活动中，体验木偶表演的技艺，提升“木偶文化”的认识普及度，感受艺术家们对博大精深传统文化的坚守和热爱，增长见识，涵养德行，加深了学生们做非遗守护者的责任感。武汉市育才实验小学校社联动开发微场馆，在红色讲解中逐步增强学生的国家责任意识，学校与武汉二七纪念馆签订校外教育基地合作协议以来，联手培养小小红色讲解员，建立并完善红色研学实施及评价体系。江岸区岱山小学带领学生走进岱山科技园教育基地，开展职业体验、爱心服务等公益活动，让学生在体验与感悟中增强社会责任感，养成良好的道德风尚。

4. 开发引领课程指导的协作单位专家资源

各校课题组骨干成员把脉困惑之处，碰撞思维火花，按照“聚焦目标、突出重点、细化策略”的研究方向，将校内外主导课程与辅导课程相结合、必修课程与选修课程相结合、显性课程与隐性课程相结合，借力大专院校和省（市）教科院、教育学会、武汉人艺的专家们指导，促进良性共振。

作为“长江新城”起步区的一所小学和大学，江岸区谌家矶小学联合湖北大学知行学院大学生志愿者微组织，将以“长江新城”亮点工程为契机，发挥大学开设系别、专业的作用，利用学生的专业特长，以“校内讲理论、校外搞实践”的形式开展环境责任教育活动。武汉市育才怡康小学将武汉人民艺术剧院艺术家和经典木偶艺术引入校园，惠及师生，学艺结合促双赢，师徒共进谱新章。武汉市育才可立小学邀请书法专家进入学校，推进了学校书院式教育的特色发展。武汉市育才第二小学作为楚剧基地学校，邀请了武汉楚剧院中国梅花奖得主夏青玲老师进校园，培养了一批批“小梅花”。

三、发挥责信协作场域优势，延展教育磁场影响力

我们在“四位一体”教育协作中推进责信德育的行动研究，学校教育重在“求知、明智”，家庭教育重在“修身、养志”，社会教育重在“实践、探心”，越来越多的教育力量汇聚到责信教育中来。学生在亲近传统中丰富底蕴，在德艺熏陶中获得营养，在发展特长中明理诚信，让孩子们在参与的过程中，感受到自己的使命感，体会到关心身边有需要的人的那份责任感。他们学会了关注生活，关注别人的实际需要，逐步实现了从明责、承责到责信品德发展阶梯，推广责信德育的传播效应。

在以“迎军运 讲文明 树新风 做新时代的城市东道主”为主题的“快闪”志愿服务活动中，学生与敬业奉献模范王争艳、海军工程大学教授蒲金云和中国科学院武汉物理与数学研究所研究员雷皓共同参与，活动的社会反响很大。有的学校邀请消防员到花桥社区给社区居民讲解消防基本安全常识、火场逃生自救互救方法、正确报火警方式和安全疏散逃生技巧，帮助社区居民充分认识日常生活中火灾对自身、家庭乃至整个社会带来的影响，真正达到了“教育一个孩子、带动一个家庭、面向整个社会”的良

好教育效果。还有学生结合墨尔本研学经历自主向市政府建言，获得主管领导的亲笔回信与批复，推动了我市青少年户外活动设施的建设与实施，受到了社会各界的关注！还有的学校参与两岸一家亲宝贝“心连心”汉苗亲子夏令营活动，向台湾来访师生传播非遗传统技法和表演艺术，领略经典魅力，在合作交流中，推动非遗文化的保护……据不完全统计，育二学区各类责信德育活动受到广泛好评，《湖北日报》《长江日报》等等数十家媒体报道多达近200篇，形成了良好的社会反响。

随着课题的研究推进，怎样使“四位”融合成为不落的热点，怎样让学生的责信行为的内动力得到持续驱动并逐步提升，将是我们要进一步深入思考与探究的内容。

我们认为，学校应该有更大的志向、更高的眼界、更宽广的胸怀，去接受、容纳、引领更多的力量参与到教育之中。

我们坚持，在责信德育的推进中，唤醒家庭、父母，比唤醒孩子更重要，旨在让每个家庭心流烛照，弥漫爱的芳香与温馨。

我们倡导，引入社会各界力量，创新多样的活动，将他们多元化的专业背景、人生理想和经验感悟通过实践指导、特色课程的形式传递给孩子，伏笔于孩子们未来的成长！

我们期待，更多学校、家庭、社区和单位能主动加入到责信德育研究中来，共同努力激活“4+”磁场效应，实现共赢！

（作者工作单位：武汉市江岸区惠济路小学；武汉市育才第二小学）

家园协同优化亲子关系的实践研究

冯珊萍

亲子关系是人一生中最早建立的人际关系，是一切社会情感的基础。亲子关系直接影响孩子自我意识的建立，身心个性的健康发展，也影响着孩子以后的人际交往模式。亲子关系是否融洽、亲子沟通是否顺利，是家庭教育成败的基础和关键。作为教师，应积极帮助家长优化亲子关系，创造良好的家庭教育环境，提高家庭教育成效。

一、亲子关系现状的调查与分析

幼儿期是人心理发展最为迅速的时期，这一阶段的孩子对周围事物有强烈的好奇心和求知欲，自我意识开始增强。在实践中，我们发现家长希望和孩子形成和谐、融洽的亲子关系，但在家庭教育中亲子间的矛盾与冲突仍然经常存在，家长感觉孩子不再像小时候那样听从父母安排，时常有自己的想法，开始“反抗”大人，变得“不听话”。父母不能适应孩子的这种变化，便容易产生矛盾和冲突，造成亲子关系紧张。

我们采用分层随机抽样法，选取我园小、中、大班共158名幼儿家庭作为研究对象并对他们开展问卷调查。其中男孩76名，女孩82名；小班幼儿46名，中班幼儿52名，大班幼儿60名；参与填写问卷的母亲116名，父亲42名。通过问卷调查了解孩子家庭亲子关系状况后，我们得出如下结果：

（1）亲子沟通中母亲的沟通频率明显高于父亲

从孩子亲子沟通的倾向来看，在沟通对象的选择上，经常与母亲沟通的孩子有106人，占67.1%；经常与父亲沟通的孩子有30人，占19%，经常与家庭其他成员沟通的孩子22人，占13.9%。由此可见，由于家庭成员分工不同，大多数家庭的父亲都忙于工作，和孩子接触少，养育孩子的重任主要由母亲承担。因此，孩子与母亲的关系往往比和父亲更亲密。

（2）父母关系和谐的家庭更有利于形成良好亲子关系

调查显示，父母关系和谐的家庭有54个，占34.2%，这类家庭给孩子营造了温馨、融洽的家庭氛围，夫妻之间遇到什么事情会相互沟通，给孩子起到良好榜样作用，这类家庭的孩子能较主动地表达自己内心的想法；父母关系一般的家庭有93个，占58.9%，这类家庭的父母之间能进行沟通，但有时会在孩子面前争吵，教育孩子的观念也会出现不一致的现象，孩子愿意与父母交流，但不够主动、频繁；父母关系不和谐的家庭有11个，占6.9%，这类家庭父母双方经常发生争吵或冷战，家庭氛围紧张，孩子在性格上表现出胆小、自卑或叛逆、暴躁的特点，不太愿意和父母交流。

（3）家庭教育的方式对亲子沟通影响明显

专制型家庭中愿意与父母交流的孩子占9.6%，这类家庭的父母对孩子要求严厉，限制过多，教育子女方法简单、态度生硬，孩子易产生恐惧、焦虑的心理，不愿与父母沟通；放任型家庭中愿意与家长交流的孩子占7.4%，这类家庭的父母对孩子缺乏关心，不管不问，任其自由发展，家庭缺乏亲密感，孩子表现出自控能力差，是非观念不强，不爱与人交流等行为；民主型家庭中愿意与父母交流的孩子占94.5%，这类家庭的父母尊重孩子，愿意听取和接受孩子意见，对孩子的自主行为给予支持和适当的指导，孩子乐意与父母沟通，表现出乐观自信、积极主动等特点。

针对以上亲子关系现状，我进行了“家园协同优化亲子关系”的研究，着重研究幼儿园如何帮助家长树立正确的教育观念，搭建交流沟通的平台，营造民主、平等的家庭氛围，构建和谐亲子关系。

二、家园协同优化亲子关系的有效策略

为更好地助力家庭教育，我研究了促进亲子交往，构建和谐亲子关系的具体策略。通过举办家长学校、开展感恩教育和亲子交流活动等途径，更新家长的幼儿教育理念，提高家长的教育技能，帮助家长在亲子关系中发挥主导作用，建立和谐的亲子关系。

（一）更新家长观念，引导和谐亲子关系

1. 举办专题讲座，理清教育思路

幼儿园通过举办家长学校，帮助家长掌握基本的教育学、心理学知识和有效的教育方法。每学期向家长开办一次亲子讲座，讲座的主题包括

"走进孩子的内心世界""彼此相爱、智慧相处"等。讲座的形式既可以是现场交流，也可以是网络直播。讲座的内容既有简洁清晰的概念说明，又有明确有效的方法介绍，还有双向互动答疑释惑。通过讲座让家长进一步了解孩子的成长特点，逐步感受到教育的艺术，领悟到既不能一厢情愿地按自己想法去塑造孩子，又不能不闻不问，对孩子放任自流。

2. 进行暖心家访，清除亲子间的堵点

在亲子交往中不少父母不愿耐心倾听孩子说话，对孩子缺乏理解和陪伴，久而久之，孩子就不愿意和家长说心里话了。为此，教师通过定期和不定期的家访，帮助家长以平等的心态倾听孩子的心声，理解孩子的想法，分享孩子的开心，分担孩子的不悦，与孩子共同面对困难，让孩子感受到父母的关爱、家庭的温暖，缩短彼此间的心理距离。家访搭建了一座连心桥，让亲子交流更加通畅和谐。

3. 利用网络平台，拓展沟通渠道

各班级建立了QQ群，教师可通过网络平台及时与家长沟通交流，加强家园共育。教师不定期将孩子的美术作品、歌舞表演及园内开展的各类活动，以文字、图片和视频等形式发送给家长观看，让家长和孩子都有成就感和自豪感。网络联动拉近了亲子距离，增强了亲子互动效果。

（二）渗透感恩教育，促进和谐亲子关系

根据孩子的年龄特点，我园通过开展一系列感恩活动对孩子进行知恩、报恩的人文教育，培养孩子关注他人行为、体验他人情绪、表达自身感受的能力，引导孩子逐渐养成感恩的心态和习惯。

1. 教师以身作则，为孩子树立良好榜样

要培养孩子的感恩之心，教师自己要做好示范，让孩子在耳濡目染中得到内化。如：早上幼儿向教师问好时，教师及时用亲切的语气回应"小朋友早"；遇到家长教师也主动礼貌地打招呼；看到值日生为小朋友们服务，教师主动说声"谢谢你"……教师的一言一行潜移默化地影响着孩子，润物细无声地渗透感恩教育。

2. 利用节日教育，将感恩之心转化为感恩行动

充分利用各种节日开展感恩活动。如："三八"妇女节时开展"夸夸我的好妈妈"活动，引导孩子回家后帮妈妈做些力所能及的事并在节后分享；"五一"劳动节时让孩子自己制作"礼物"送给父母和长辈，并向他们说一句温暖的话……在一次次感恩活动中，孩子们的内心逐步被融化，

感受到父母为养育自己所付出的辛劳，激发了孩子们爱父母的情感。

（三）开展亲子活动，增强和谐亲子关系

1. 开展“亲子共读”活动

根据小、中、大班孩子不同的年龄特点，我们向处在不同阶段的家庭推荐相应的书籍，倡导家长每天和孩子进行20～30分钟的亲子共读。幼儿园还不定期邀请故事妈妈、童话爸爸来园以故事表演的形式与孩子们分享。家长们从刚开始的被动跟随到后来的主动参与，感受到和孩子一起阅读、一起成长的乐趣，增进了亲子间的情感交流。

2. 开展“爸爸达人秀”活动

父亲在孩子个性形成和行为塑造方面起着不可替代的作用，而现代家庭中孩子与爸爸交流接触的机会甚少，于是我们开展了“爸爸达人秀”活动，不定期邀请爸爸们发挥自己的特长和小朋友们进行互动交流，如：向厨师爸爸学习包饺子，和司机爸爸分享汽车的奥秘……“爸爸达人秀”活动增进了父亲与子女间的情感交流，激发了父亲参与子女教育的责任意识。

和谐的亲子关系是家庭教育的基础，今后我们还将继续探索，在教育实践中充分发挥家园协同这一优化亲子关系的法宝，引导家长珍视亲子关系的建立，重视亲子教育的实施，加强与幼儿园的联系与合作，共同促进孩子健康成长。

参考文献：

[1] 苏霍姆林斯基. 给教师的建议 [M]. 北京：教育科学出版社，1984.

[2] 雷雳，王争艳，李宏利. 亲子关系与亲子沟通 [J]. 教育研究，2001 (6)：49-53.

[3] 刘秀英. 良好的亲子关系的建立需要时间与智慧 [J]. 少年儿童研究，2014 (6)：1.

（作者工作单位：武汉市江岸区黄浦幼儿园）

新时代家园共育助力幼儿生态文明教育的实践探究

李　娟

党的十九大报告明确指出，我们要建设的现代化是人与自然和谐共生的现代化，要加强生态文明建设。在加强生态文明建设的过程中，教育工作始终要行走在前面。生态文明教育是为了实现人与环境、人与自然、人与社会和谐统一，推进生态文明建设而推进的实践教育活动。幼儿是祖国未来的栋梁，为顺应新时代人才培养的发展需要，在幼儿园阶段为幼儿种下生态文明的良好种子，尤为重要。为了达到《幼儿园教育指导纲要》中的相关目标，幼儿园和家长在不断地努力，力求通过家园合力，促进幼儿发展，也在新时代教育环境中，家园共同探索创新着生态文明教育的模式与途径。

一、"共读一本书"，树立正确生态文明观念

做好幼儿生态文明教育，首先，家长和老师要有正确的教育观念。而教育观念不是一蹴而就的，而是在共同探索中逐渐形成与优化的。为了使家园树立正确的、统一的教育观念，幼儿园和家庭之间开展了一系列线上线下"共读一本书"的活动，共同交流分享阅读的心得体会，以及在教育过程中的细节。例如家园共读《与幼儿共享自然》《林间缺失的小孩》等，深刻认识到亲近自然、保护自然的重要性，也审视了在快节奏且信息化的时代背景下，如何帮助幼儿了解自然、走近自然，在自然中寻找和谐的美好。在共同学习中渗透生态文明教育的观念，掌握合理的生态文明教育方法，交流生态文明教育经验，为做好幼儿生态文明教育共同努力。

二、组织趣味活动，促进生态文明教育走进家庭

通过长时间的探索，多种多样的趣味活动，不仅增进了家园联系，也

使生态文明教育走进家庭，在家庭教育中得以延续。

（一）环保纪念日活动

环保纪念日活动是我园的特色活动，老师和家长会根据幼儿的喜爱程度选择不同的环保纪念日，并开展符合幼儿年龄特点的活动，例如在世界地球日活动来临之前，通过网络微信平台向家长介绍世界地球日，征集世界地球日的活动形式和活动内容，幼儿、家长、老师共同商讨出地球日的活动安排。然后分年龄段、分班级进行主题教育活动，小班的“我给地球妈妈洗洗澡”、中班的“我爱地球”、大班的“保护地球妈妈”等趣味活动就呈现在了孩子们的面前。家长们在家中也没有懈怠，教导幼儿要节水节电，分别统计一个月的日常用电用水量和通过各种节水节电的行为后一个月的用水用电量，通过环保行为实践的前后期水电统计数据对比，让幼儿直观地感受到节水节电的重要性，幼儿也在家长的持续督促引导下实践着各种环保行为。家长们还可以组织幼儿进行环保绘本阅读，和幼儿一起制作地球日小报等。在一系列的环保纪念日活动中，在直观教育和潜移默化的影响中，幼儿在生态文明素养方面的情感态度、认知技能等都得以提升。

（二）亲子游戏活动

除了特色活动，幼儿园也会以生态文明教育为重点，开展亲子游戏活动，让幼儿在游戏中养成爱自然、爱社会的情感，学习保护环境、与自然和谐相处的知识与技能等。“废旧报纸作用大”“垃圾分类我知道”“文明餐厅的故事”等丰富的亲子游戏，吸引了幼儿和家长的参与。大家主动选择角色，共同制作道具，共同游戏，是亲子之间别样的游戏体验。结束游戏后，家长撰写亲子游戏反馈表，写出随笔和建议，和老师共同探讨亲子游戏的进一步发展。家长们在家中持续引导幼儿爱护动物、学会废物利用、节约粮食等。有的家长还带领幼儿进行绿色出行体验活动，为幼儿写下节约粮食的进餐记录等。在这些过程中，家长和孩子都在共同成长、共同进步。

三、利用多种途径，共促生态文明教育推广

（一）家长进课堂，丰富教育内容

为了丰富教育内容，充分发挥家长的作用，在对幼儿进行生态文明教育的过程中，老师邀请家长们走进幼儿园活动课堂，为孩子带来不同的趣

味活动。借助家长资源，拓宽教育内容。例如把擅长种植的家长邀请到幼儿园，为孩子讲解种植的奥秘。邀请在科技馆工作的家长，为孩子们带来新节能的技术与体验等等。尤其是家长倡导的“纸先生”活动，更是得到了孩子们的有效响应。家长通过自身的体验，带动其他幼儿和家长进行废旧物品回收，并建议幼儿园设立奖励机制，一个周期过后评选出参与次数最多的家庭，并给予礼物奖励。以这样的方式鼓励更多的家庭加入其中，共同为中国生态文明建设做贡献，这样不仅加快了生态文明的推广宣传，也是在点点滴滴中努力建设我们的美好家园。

（二）信息化手段，弥补教育短板

在探索的过程中，不难发现，由于一些因素的影响，幼儿大多数的时间是在幼儿园内接受教育、进行游戏，怎么才能让幼儿接触和体验到更多有关生态文明教育的内容呢？信息化手段发挥了重要的作用。在一次以动植物为主题的活动中，孩子们说出的心声带给了我思考。“老师，真想看看大森林呀！”“我想看海底世界！”……怎样才能满足孩子们的愿望呢？我想起了一次和孩子们去科技馆的经历，孩子们对 VR 设备很感兴趣。于是，我在班级区域中投放了 VR 眼镜、VR 视频和平板电脑，区域活动时孩子们可以自由选择，大胆尝试和交流。“我这里在下雨呀！”“我坐山车穿过了森林！”……孩子们惊奇的声音让我欣喜。再后来，我搜集了一些关于自然生态的 VR 视频，陆续投放了进去，让幼儿感受不同区域的动植物、自然气候和生态环境的差异，体验生态的奇妙，从而知道为保护生态环境做出贡献。

（三）网络云空间，共享教育资源

在网络云空间，不仅保存了幼儿和老师家长的互动资源，更为老师和家长互动交流探讨生态文明教育提供了平台。老师和家长都在捕捉幼儿生活中的细节，观察幼儿，引导幼儿。一片叶子、一根树枝，都是教育幼儿爱植物的起点。幼儿园和家长共同打造生态慕课课程，从了解自然入手，带领幼儿感受自然环境中的水、空气、阳光，了解生命的多种形式、物质的循环等。引导幼儿了解自然生态圈，引发幼儿对保护环境、爱护动植物的积极思考。幼儿可以通过云平台上的课程资源进行学习和观看，家长也纷纷表示孩子们很喜欢，会主动要求打开课程资源为家人讲解。在这样开放的空间中，我们的生态文明教育资源也越来越多。

幼儿是新时代的小主人，对于当下的幼儿来说，要顺应时代的变迁，紧跟时代的步伐。作为家长和教师，我们是幼儿的引路人，要贯彻学前教育领域以幼儿为本的核心理念，把握新时代生态文明育人导向，应用新时代教育技术，与时俱进地进行教育创新，真正做到促进幼儿健康和谐的成长发展。

参考文献：

[1] 中华人民共和国教育部. 幼儿园教育指导纲要（试行）[M]. 北京：北京师范大学出版社，2001.

[2] 王甲旬. 生态文明教育的新媒体途径研究 [D]. 武汉：中国地质大学，2016.

（作者工作单位：武汉市汉阳区钟家村幼儿园）

将爱传出去，把幸福带回家

——后疫情时期家庭教育刍议

刘 奕

一、前言

“教育”两个字，不仅仅是教师的责任，家长也需要重视。多年幼儿教育经验告诉我，为什么很多家庭教育失败？不是家长们不努力，而是理念错了。2020 年一场“疫”外，打乱了全国人民的节奏，也让很多幼儿园采取了闭园的防疫措施。而此举给许多幼儿家长带来了考验。他们面对这些口口声声喊着无聊的“小魔童”无能为力。为了丰富孩子们的居家生活，让他们感受到更多的爱和关怀，作为一名幼师，在全力做好疫情防控的同时，本人积极与幼儿家长开展家园合作，结合蒙特梭利教育课程实际，为幼儿进行疫情时期的家庭教育成长计划，希望家长能照着成长计划，陪伴幼儿度过疫情期间“宅”家这段时间。愿蒙特梭利的教育观能够抚慰孩子们的小小心灵，给他们带来快乐和温暖的同时，也让家长感受到家庭教育的重要性。

二、后疫情时期家庭教育成长建议

（一）运用幼儿园网站，实现教育资源共享

“自由”和“纪律”是蒙特梭利教育理论核心，而本人在进行幼儿教育期间一直注重这两者的兼顾与平衡。但如何在充分给予幼儿自由的基础上让他们具有纪律意识，它们二者的平衡点和教育实施侧重点在哪里，是一个值得探寻的问题。此次疫情恰巧给了这样的机会。本人利用幼儿园官网，增设一个“宅”家专栏，在专栏里向各位家长分享家庭教育科学理念，指导幼儿进行防疫、学习等内容。家长通过这些方法，将家庭布置成

为第二所“幼儿园”，幼儿在家也可以自由地探索。

（二）创建网络群和公众号，开设有趣的微课程

疫情“宅”家这段时间，幼儿园官网里教育资源库一直对外开放。本人将这些开放的教育资源与家长进行分享，并指导家长先看什么，再看什么，详细归类，以让家长对幼儿园教学内容有一个全面的了解。让家长跟着本人的教育节奏，在家里营造像幼儿园一样的学习环境。同时利用QQ群、微信群等工具，与家长进行直播、互动，以帮助家长完成自己设计的家庭教育成长任务表的内容。

表1　疫情时期之家庭教育成长任务表

时间	成长任务	内容
星期一	科学小实验	《鸡蛋的沉与浮》
星期二	手指小游戏	《石头剪刀布》
星期三	小小绘画家	《快乐小老鼠》
星期四	体育小健将	《你丢我接》
星期五	快乐我当家	《叠衣服》

不只是这些常规性的任务布置，我们还有结合时事布置的一些家庭小作业。比如完成“武汉加油”的手抄报、画出你心中的抗疫英雄、录制感恩视频。在活动开始前，我们会向家长做好宣传和前期准备工作，提前指导家长如何配合幼儿园开展活动。家长则在疫情期间，上传孩子“宅”家的图片、视频，以便幼儿园老师了解孩子的近况。

（三）利用家长微课堂，引导家长学习

在疫情期间，本人特别组建一个家长微信群，并拟定出一个有关蒙特梭利的主题教学活动，通过群里向家长公布上课的时间，在群里以语音形式分享教育的内容。微课将知识点学习设在前半段，后半段就是与家长进行互动、分享交流的时间。还有一种微课堂形式就是借助一个网络平台，生成二维码，把微课的内容、时间和二维码以彩图的形式公布，请家长扫描二维码收听详细语音。通过一段时间的课程学习，家长不仅对于幼儿教育多了一份了解，而且家庭教育观也有了极大的改善。现在家长们不仅主动定期在群里进行经验交流，还会参与话题的讨论与沟通，与老师进行积

极良性的沟通。

三、家庭教育的可行路向

其实，后疫情时期的家庭教育也需要务本，家长们应摒弃急功近利、心浮气躁的社会风气，不被大众化思潮裹挟，理性思考，把眼光放长远，做一名合格的家长，以促进孩子的健康顺利成长。

到位而不缺位。现代家长首先要立的本，就是对自己在教育体系中的“位置”要有清晰准确的认识。实际上无论教育专业化发展到多么高的程度，也无论家长们受教育水平的高与低，家长们都一定要牢记自身在整个教育活动中不可推卸的责任。现实中每一个孩子的成长，都离不开父母无言的托举，无论孩子处于人生中的哪一个阶段，父母都应倾注心血去关注他们、教导他们。具体来讲，家长们不仅要舍得给孩子花钱，更应该舍得为孩子花时间，家长们还应该经常思考孩子教育的目标问题。与此同时，家长还应加强学习，不断提升和完善自己，以便能更好地承担自身所应肩负的责任。

聚焦而不散乱。作为中华传统文化主干的儒家文化，主要在教人如何为人。在其思想体系中，如孝、悌、忠、恕，如仁、义、礼、智，都是为人条件，应为人人所服膺而遵守。如何“为人”，主要是指道德教育，这是我国传统家庭教育最大的特色。后疫情时期的中国家庭教育要想行稳致远，也应该聚焦于这一中心，家长应把握好“德育居首位，孝悌为核心”的原则。除此之外，家长们还应重视以身作则，在潜移默化中引导孩子。好的家庭教育，需要家长以身作则，言传身教，用自己的言行来教导孩子，这样的行为胜过千言万语。

传承而不保守。作为家庭或家族内部先辈对子孙后代的垂诫、训示，家训成为我国传统知识分子教育后辈的典型教育形式，也是中华民族传统文化瑰宝中很有特色的部分。后疫情时期的家庭教育，也应继续弘扬这种民族精神，传承好古代家训的优良传统，让家训在新时代焕发永恒的光彩。与此同时，新时代的家训还应增添富强、民主、文明、和谐、自由、平等、公正、法治、爱国、敬业、诚信、友善等社会主义核心价值观的内容，让家训这一宝贵的家教形式在现代开放与传承的张力中更好地走向未来。

适应而不逆反。这次新冠肺炎疫情对家庭教育较大影响之一，就是教育新技术、新媒体的广泛应用。虽然不少家长对这一形式有了一些认识，但大多数家长对这一教育形式的作用和未来趋势并没有形成深刻而理性的认识，随着疫情的逐步消散，甚至一部分家长有“刀枪入库、马放南山”的心理。展望未来后疫情时期的教育，新技术、新媒体在教育中的运用将会越来越普遍，开放式的网络学习将成为一种常态，教育将进入人机协同时代。智慧的家长应该适应、善用而不是逆反、排斥这一教育形式，家长们既要跳出线上教育和线下教育二元对立的思维，也要跳出线上教育和线下教育简单融合的思维，深刻认识和洞察未来教育的发展方向——尊重和成就每个独特的个体。

四、结束语

随着互联网技术的快速发展，教育教学信息化时代已经到来。2018 年 4 月教育部发布了《教育信息化 2.0 行动计划》，2019 年 2 月国务院印发了《中国教育现代化 2035》，相继强调教育信息化在推动教育现代化过程中的地位和作用。本人认为，正值 5G 时代来临的关口，疫情只是一个催化剂，未来网络覆盖面将越来越广。特别是当前泛教育化，线上教育已经越来越普及，而针对家庭教育的内容也会越来越多。作为幼儿园来说，更需要与时俱进，倡导更多元的家庭教育模式，帮助幼儿更好地成长。

参考文献：

[1] 玛利亚·蒙台梭利. 蒙台梭利早期教育法 [M]. 北京：中国发展出版社，2003.

[2] 刘秋月. 独生子女家庭教育存在的问题及对策研究 [J]. 赤峰学院学报，2017 (1)：80-82.

[3] 林静雯. 家长教育在华人社会的推行 [J]. 长沙民政职业技术学院学报，2004，11 (2)：7-9.

[4] 袁淑英. 美国家庭教育指导师历史沿革述评 [J]. 继续教育研究，2014 (8)：143-144.

[5] 李洪曾. 上海地区幼儿家庭教育指导工作的发展 (1987—1995) [J]. 上海教育科研，1996 (3)：20-25.

（作者工作单位：武汉市蔡甸区城南幼儿园）

“互联网＋教育”视角下家校合作的价值

兰　希

2020年习近平主席指出，面对突如其来的新冠肺炎疫情，全国广大教师迎难而上，奋战在抗击疫情和“停课不停学、不停教”两条战线上，守护亿万学生身心健康，支撑起世界上最大规模的在线教育，展现了当代人民教师的高尚师德和责任担当。由于新冠疫情的影响，教育部鼓励各个学校利用互联网为学生进行在线教育。因此，在这样的环境下加深了家庭与学校合作的紧密性，学校的课堂教学工作需要家长的配合与支持，学生的进步也需要学校和家长的共同努力，这样才能起到事半功倍的效果。“互联网＋教育”成为紧密联系学校与家庭的纽带，增强了家长的参与感和责任感。

一、“互联网＋教育”教学中家校合作的内涵与价值

在传统家校合作的情境下，许多家长对学校教育形式、教育理念的认知还不够全面，并且对孩子的关心程度也较为缺乏，同时对与学校联系的意识较为浅显，没有认识到家校合作对学生发展的重要性。从家庭方面来看，家长与老师之间的沟通往往停留于表面，仅限于对孩子近况的了解，很少有涉及孩子的兴趣爱好、性格特点等。而这次“互联网＋教育”视角下家校合作有利于推动家校教育观念与教学方法的进一步提升，学生家长在互联网的促进下可以主动参与到学校教育的管理中，老师也能更加方便与有效地和家长沟通孩子的身心状况，学校一方也可以通过班级群告知家长学生的情况，从而在相互促进中提升家校合作的价值。

二、“互联网＋教育”教学中家校合作的价值探究

在这次疫情期间，我们学校同样也是“互联网＋教育”中家校合作的受益者，在此期间，漫长的居家时间成了考验孩子和家长的试金石，有一

部分语数外学科有点薄弱的学生在这次学习中就取得了明显的提升。

1. 推进家校教育观念更新，完善家长角色定位

例如，长时间待在家里可以让学生离父母更近。曾经有一位家长因忙于工作，与学校、孩子的沟通较少，这次在家中了解到孩子的学习情况和想法后，家长也主动在网络上与老师取得了联系。这位家长首先在微信上询问了老师孩子在学习上的薄弱之处，主动与孩子一起上网课，家长希望能够跟上学生的学习进度。教师通过与家长合作，将部分电子教材内容与学生家长共享，让家长能够知晓学生的学习中的具体内容，扩大学生家长的知识面，使学生在家里的学习得到指导，这样家长就不会无从下手。其次，这位家长再次与老师在课后进行线上交流，共同找到孩子的优缺点，进行拔高与补差。为了为学生搭建一个良好的学习平台，家长需要了解学生的学习表现，并且积极地与学生进行沟通，这样不仅能增强学生的学习积极性，而且还能提高学生的学习能力，从而使学生全面发展。与此同时，家长培养了学生的自主学习的能力之后，学生便能每天独立在班级群内自己积极主动地提交家庭作业，进行学习打卡，按时看网课，学生的成绩不仅得到了较大的提升，还踊跃地配合了老师的教学工作。

2. 打破时间和空间限制，强化家校联系

教师还通过网络在线开家长会的形式，引导学生家长积极参与到学生的成长当中。在课堂教学中向学生家长提供怎样帮助学生在家庭中复习的良好策略，使学生家长能够在闲暇时间里引导学生更好地复习以及成长。互联网教育能够使教师们借助现代科技，打破时间和空间的限制，通过跨时空的沟通交流，鼓励家长在家庭教育当中树立正确的家庭教育观念。教师也在课后收集家长的教学意见，提高教学的科学性和高效性，为学生搭建良好的学习平台。“互联网＋教育”不仅连接起了老师与家长，也提升了学生的成绩。此种家校关系的构建，一方面，使学生家长学会沟通、关心孩子，明确学生家长角色的重要性，而不是只负责孩子的衣食住行，还要更多地与孩子开展身体、心灵上的互动；另一方面，家长主动参与到学校的教育管理中，与学校达成联手共识，保证家校合作，现在家长与老师的关系依旧很紧密，学生教学的成功离不开家校共同合作与付出，不仅有学校里老师的栽培，还有家中父母的亲密陪伴。并且在本学期开学之后，学生们又状态很好地积极投入到新一轮的学习之中，快速找回了学习的状态。“互联网＋教育”与学校和家长息息相关，有效的沟通和交流可以加

强家校合作，实现双赢。

三、与时俱进，推进“互联网＋教育”家校合作，实现教育最优化

“互联网＋教育”是当前重要的发展趋势，将互联网信息技术融入教育教学管理工作之中，能够取得良好的管理效果。教师可以通过微信、QQ等各类平台与家长进行在线交流，能够根据学生的课后表现情况在互联网教学平台进行针对性的指导，使家长掌握具体的教育技巧与方法，有助于提高教育水平。比如，教师可以定期通过线上视频通话或者语音通话的形式，进行沟通交流，家长可以针对孩子近期出现的问题与教师进行讨论，对于教育教学工作提出改进建议。同时教师可以充分发挥自身的主导作用，运用自身所具备的科学理论知识和教育观念为家长的困惑提供有效的解答。通过这样的形式能够提高家长参与的积极性，使家校间的沟通变得更为深入，增强合作活动主体的双向互动，以便家校双方共同推动学生的全面发展。“互联网＋教育”时代，无论是学校还是家长都需要更加积极地参与到“互联网＋教育”模式的实践探索中来，通过相互之间的有效沟通，共同实现教育效果的最优化，共同助力学生健康成长。

参考文献：

[1] 在教师节到来之际习近平向全国广大教师和教育工作者致以节日祝贺和诚挚慰问[EB/OL].（2020-09-09）[2020-09-10] https://baijiahao.baidu.com/s?id＝1677319878849672280&wfr＝spider&for＝pc.

[2] 成坤. 新冠肺炎疫情背景下体育教学家校合作的价值与路径研究[J]. 文体用品与科技，2020（17）：159-160.

（作者工作单位：武汉市中法新城外国语学校）

农村家庭教育的现状分析及对策

王　亮

一、农村家庭教育面临的问题分析

1. 家长素质较低者偏多，家庭缺乏教育氛围

农村家长的学历普遍较低，所受的教育少，因而无法对子女进行更专业的教育和指导。农村中健康的文化娱乐活动少，家长在农闲时沉湎于搓麻将、打扑克。农村家庭中很少看得见书籍，父母亲平时不看书读报的占绝大多数。

2. 家长大多缺乏与孩子的交流，缺少对孩子正确的教育引导

要教育好孩子，首先就要了解孩子，父母与孩子心灵的沟通是实施良好的家庭教育的基础。有相当一部分家长不能配合教师对孩子进行教育，许多家长认为，他们的任务就是给孩子提供吃穿，教育是学校和老师的事情。有一大半的家长不检查孩子的作业，更不要说辅导孩子功课，问孩子学校里的事了。农村家长观念陈旧，认为孩子在父母面前所需要的是服从，根本没有与孩子沟通的意愿。家长对孩子的教育简单粗暴，经常打骂孩子。据了解，有一小部分的家庭，当家长主动闲聊时，孩子能认真回答问题；大多数情况是，如果家长不问，孩子也不会主动述说；极小部分的家庭的孩子看到家长无事，则会主动述说自己的所见所闻；还有相当部分的孩子则是躲避家长，怕受到训斥和责骂。这种情况在初中生中表现得尤为明显。

3. 留守孩子居多，农村家庭隔代教育的现象比较严重

在受调查学生中，一个 80 人的班级，一般都有 20 个左右的学生家长是父母都在外打工的，这样教育子女的任务就落在了祖父母、外祖父母或其他亲属的身上。这种隔代教育或旁系亲属教育存在着许多弊端。过去家庭条件差，当时的父母极少宠爱孩子；现在条件好了，祖父母或外祖父母

把那一份宠爱加倍地给予第三代，造成溺爱。旁系亲属在带孩子时担心出差错，所以对孩子百依百顺，他们只是父母与孩子之间的“传声筒”和“取款机”，并不能对孩子采取对症下药，晓之以理、动之以情的教育。他们所具有的是一种非常原始的养育观。同时，祖父母或外祖父母的文化程度普遍较低，在农村很少接触新事物，价值观念跟不上时代的节奏，影响了对孩子的教育。隔代教育对孩子个性发展有许多负面影响：过分的溺爱和迁就使孩子产生自我中心意识，遏制了孩子的独立能力和自信心的发展，影响孩子个性和优秀品质的形成。

再者，父母逢年过节回来一下，心中总感觉对孩子有愧，长年把孩子“扔”在家里，没有尽到应尽的职责，总想给予补偿。而这种补偿的方式往往变成了物质上的弥补——大包小包的衣服和零食，各种好玩的玩具、游戏机甚至新颖时髦的手机，却极少有家长为孩子买书回来的。而带回的这些东西却并不能让孩子学会感恩，相反，他会认为那是父母应该补偿的，是他该得到的，在孩子与孩子之间还会加剧攀比之风。即使有家长想着回来要与孩子好好沟通教育一下，结果也因为长期在外，了解不多，互信不够，沟通难度大，加之年节期间，亲戚间相互走动多，你来我往之间，时间往往浪费在了扑克、麻将上面了。

4. 急切的致富心态与盛行的拜金主义，使传统的家庭教育内容缺位，伦理道德教育、法治教育不再受重视

在市场经济条件下，虽然农村地区的生活质量获得了显著提高，但是近年来，人们的急切致富心态却在迅速膨胀，那种与伦理道德、社会发展相悖的怪圈也在农村地区普遍存在。民风民俗不再如人们想象中那样古朴敦厚，拜金主义同样大行其道。中国的传统道德教育以“仁”为核心，强调自主自强、先公后私、艰苦奋斗、取利有道、勤奋好学、仁慈孝悌、克己节俭、尽职尽责等伦理道德观念；注重“恻隐”“羞恶”“辞让”“是非”等道德情感和律己律人、谦恭礼让等道德行为的培养。剔除其封建糟粕，并赋予其时代内涵，这本是中华民族传统美德的现代价值之所在。可是在拜金主义影响下，家长们平时对子女的伦理道德教育、法治教育并不关心。农村地区青少年偷窃打架、滋事斗殴、打爹骂娘、违法乱纪等现象，屡见不鲜，涉黄涉毒、杀人纵火等恶性刑事案件，也时有所闻。这固然有多方面的原因，但与家庭教育中伦理道德和法制教育的缺位有着直接的关联。儿童期是良好道德行为习惯养成的重要时期。“少成若天性，习惯如

自然。”教之以事，方能教之以理，不重视对儿童做人的教育，是目前农村家庭教育中的一个突出问题。“以德为本，以做人教育为核心，重视养正于蒙，提倡身教与言教，爱子与教子结合，是中国传统家庭教育的成功之道，也必定是现代家庭通向成功之路。”

5. 重智育，轻德育；重知识的学习，轻素质的培养

大多数的家长，文化层次不高，觉得自己社会地位低，所以把自己的希望寄托在孩子的身上，他们认为，读书、考试是唯一的出路。他们觉得，在学校里就应该学习语文、数学、外语、理化等考试要考的学科，对于篮球、乒乓球、美术、舞蹈、唱歌等综合素质的培养则是多余的。对孩子的品行，特别是安全知识等方面的教育存在很大的缺失。据了解，有大部分的家长认为学这些是浪费时间，会影响孩子的学习。只有极少的家长则认为可以学习，可以培养孩子的兴趣。很多家长对于“在学校里学什么”这一问题提出了不同的看法，但是大部分的看法是：学校里要注重学习，在这基础上适当的加些画画、唱歌等是可以的。因此，很多的教师为了迎合家长的需要，将一些生动有趣的活动变成了单一枯燥的文化课活动，造成许多学生在学校找不到感兴趣的东西，在家里不愿面对家长关于学习的发问，在同学间找不到自信心，这些学生或者厌学，或者自暴自弃，或者和家长老师闹对立，甚至走向极端。

6. 社会环境的影响

当今中国，经济增长迅速，城市化进程加快，新鲜事物层出不穷。作为学生，既要面临家长不在身边缺乏管教或有家长在身边但管教不力的家庭环境，又要应对充满种种诱惑的社会环境。未成年的学生，自制力往往较差，抵制诱惑的能力有限，而我们的社会又不能给他们创造一个非常适合他们成长的环境。街上的网吧、游戏厅，辍学打工挣钱或终日游荡无所事事的同龄人，以及那些灯红酒绿的生活，充满暴力甚至色情的影视片，对他们来说都是难以抵挡的诱惑。一不小心，就可能步入其中，难以自拔。这个时候难道仅仅只能怪学生、怪家长吗？令人深思！这其实也让农村家庭教育的效果大打折扣。

二、农村家庭教育问题的应对策略

家庭教育是学校、社会教育的基础，良好的家庭教育，可以净化社会风气，促进学生的健康成长。为了创建良好的家教环境，形成学校和家庭教

育的合力，通过多年的实践探索，结合相关调查，特提出几点自己的建议：

1. 结合典型事例，开展广泛的社会宣传。以亲职教育为重心，提高家长素质

农村和城市有很大差别，家庭和家庭之间也有诸多不同，所以不可能形成一套固定的家庭教育模式。结合我国农村家庭教育的实际状况，我认为比较现实的方法，就是结合具体事例，开展广泛的社会宣传，以亲职教育为重心，提高农村家庭教育质量。亲职教育或称家长教育，历来是家庭教育的重点课题。有人将亲职教育定义为一套计划活动，用以给家长提供关于教养、家庭管理、孩子发展、对孩子学习协助等方面的资讯和知识。亲职教育主要是帮助父母学习有关新理论和知识，帮助父母树立教育好孩子的信心。我们在调查中发现，在农村地区，家长之间交流家庭教育经验，主要是结合具体的、典型的事例进行的。这种具体、典型的事例生动、形象，易于领悟、模仿和借鉴。所以，我们可以借用电视、报刊等大众传媒和其他的社会教育活动，给广大家长提供具体的关于家庭教育的成功经验，使家长的认识水平和教育技能得以提高。这比抽象的理论宣传更能为广大家长所接受，也更能引起他们对具体的家庭教育问题进行反思，比较容易收到实效。

2. 注重农村社区建设，加强家庭与学校之间的联系

借助学校的教育力量，提升家庭教育功能。1995 年在泰国召开的第七届国际社区教育大会所通过的宣言，其中心主题是强调社区建设、社区教育对社会持续发展的重要意义。从我国目前农村家庭教育实际情况看，只有通过大力加强农村社区建设和社区教育，才能有效地提高农民素质，消除不良文化氛围，从而达到提高家庭教育质量的目的。从实际情况看，目前农村家庭教育可资利用的社区资源，尚未得到有效发掘，现有的资源比较贫乏，利用起来也十分困难。但是，农村学校却是一个有形的教育实体，相对而言，学校在农村家庭教育发展中能起到较好的导向作用。从我国农村社区教育和家庭教育的成功经验看，也主要是通过家庭教育和学校教育相结合的方法。利用学校教育力量来提升家庭教育功能。如“家长学校”就是沟通家庭与学校的桥梁，在形成家长正确的教育观念、丰富其教育知识技能、提高家庭教育质量等方面，发挥了重要作用。

3. 加大家庭教育培训的力度

通过家长学校对家长进行家庭教育知识的培训，把家长希望子女成才

的迫切愿望引导到正确的方向上来。家长学校的任务是要帮助家长树立正确的家庭教育理念，帮助家长形成理性的、关爱的、民主的家庭教育方法，使家长重视对孩子的思想、心理等非智力因素的培养，促进家庭形成良好的教育环境。

4. 增强家庭的文化教育氛围

首先，建议家长为孩子设计一间书房，或在孩子的卧室里配置书桌和书架，使孩子有一个学习的小天地。调查发现，成绩优秀学生家庭中80%的有书房或书桌。其次，向家长推荐优秀的家庭教育报刊，建议家长订一两份报纸杂志，作为家长和孩子共同学习的资料。再次，要求家长督促孩子完成家庭作业，经常查看孩子的作业。这样，浓厚的家庭文化教育氛围形成后，能帮助孩子形成自觉学习的态度，改变家长对家庭教育的认识，提高家庭教育的质量。

5. 努力创设和谐的家庭氛围

家庭教育的效果不仅取决于父母的教育动机与教育内容，更主要的是父母的教育方式。因此，我们认为，作为家长要顺应社会发展的需要，积极创设民主、和谐的家庭氛围，认真当好孩子的第一任老师，使孩子在家庭中愉快、健康地成长。为此，家长要努力做到：提高自身素质，能为孩子树立良好的榜样；有一套能被孩子接受的家规；为孩子提供丰富的生活内容；做孩子学习上的助手，指导和帮助孩子完成力所能及的事；利用一切机会锻炼和培养孩子的自理、自立能力和耐挫力。

6. 加大并深入学校周边环境以至社会环境的治理

作为一方政府，从镇到村到组，应协调各方，加强对社会环境的治理，努力创建一个适合未成年人成长的空间；应着力将文化建设作为一个重点工程来抓，多想办法，提高广大农民学习的积极性和主动性，创建健康向上、重视教育的文化氛围，倡导家庭文明之风；应多多开辟就业渠道，多多提供理想的就业岗位，让家长能有尊严地留在家乡工作，并能对孩子实行有效的教育。对网吧、游戏厅的管理，应该常态化，不是等家长、学校报告了才去处理，或是家长、学校即使报告了也不见得处理。对于社会闲散人员，各级责权单位要深入研究，找出对策，让他们有家可归、有事可做、有苦可吐。学校应加大对学生综合素质的培养，尽可能让每一个学生都能在学校中学到感兴趣的东西，让他们爱上学、爱学习。

我们认为，社会的发展对家庭教育的方法及途径提出了新的要求，作为家长一定要顺应时代发展的需要，以文明、科学的态度为孩子提供一个良好的物质基础和心理基础，积极创建有利于孩子健康成长的家庭教育环境。苏联教育家苏霍姆林斯基曾经意味深长指出："如果你给祖国和人民养育了优秀的儿女，你就在自己的身后立下了一座活生生的不朽的丰碑；如果你养育的子女不争气，成了社会的败类，你就留下了可耻的罪行。"当然，要彻底改变我镇农村家庭教育的现状，需要社会、学校、家庭多方面的共同努力。

参考文献：

［1］梅汝莉. 中国传统德育现代价值刍议［J］. 教育研究，1998（6）：38-44.

［2］宗秋荣. 终身学习与家庭教育［J］. 教育研究，1998（8）：54-60.

［3］宣兆凯. 家庭教育研究的理论方法模型——家庭支持系统［J］. 教育研究，1999（11）：63-67.

（作者工作单位：英山县红山镇小学）

“互联网＋”视域下我国家庭教育现状探析与优化策略

丰国银

习近平总书记在2015年春节团拜会上讲话指出：“家庭教育是国家发展、民族进步、社会和谐的重要基石。”我国已将家庭教育作为教育强国的重要指标。“互联网＋”是时代发展的必然，是推进世界经济蓬勃发展的得力助手，也是推动教育发展的新动力。2015年3月，李克强总理在政府工作报告中提出“互联网＋”行动计划，开始推动移动互联网、云计算、大数据、物联网等新形态应用。2018年4月，教育部颁布了《教育信息化2.0行动计划》，开始切实推进我国“互联网＋教育”的发展。“互联网＋”是指利用信息通信技术以及互联网平台，把互联网与传统行业结合起来，创造新的发展形态。“互联网＋家庭教育”是以互联网技术为基础，把互联网思维融入家庭教育之中，旨在构建一个开放、共享、平等的教育环境，重塑我国家庭教育模式和学习方式。“互联网＋”是一把双刃剑，它既给家庭教育带来了机遇和创新，又对家庭教育带来了冲击和挑战。本文将家庭教育纳入“互联网＋”视域进行利弊分析，提出优化策略，以更好地把握家庭教育未来的发展方向。

一、“互联网＋”视域下我国家庭教育的发展契机

“互联网＋”时代，将形式多样的信息化技术和丰富的数字化资源应用于家庭教育，为家庭教育带来快捷、方便和充满趣味的学习形式，显示出“互联网＋家庭教育”的创新活力。

（1）我国互联网普及率和服务体系建设，为家庭教育新应用创造了良好条件。

2020年9月，中国互联网络信息中心（CNNIC）发布第46次《中国互联网络发展状况统计报告》。截至2020年6月，我国网民规模达9.40亿，

互联网普及率达67.0%。农村地区互联网普及率为52.3%，农村实现了与城市“同网同速”，城乡数字鸿沟和网络覆盖率显著缩小。我国网络视频用户规模达8.88亿，占网民整体的94.5%。网络新闻用户规模为7.25亿，占网民整体的77.1%。我国互联网“新基建”、互联网在线教育用户规模达3.81亿，占网民整体比例为36.2%。我国移动电话用户总数达16亿，其中移动互联网用户达13.38亿。我国城乡社区都通过社区微信群、小程序等数字化工具开展基层治理，初步形成了“覆盖城乡、上下联动、层级清晰”的网上服务体系。我国“互联网+”服务水平不断提升，互联网在线教育成为极具发展潜力的新形态应用，2020年上半年，我国互联网应用于在线教育，在抗击新冠疫情、稳定社会大局方面，成为亮点。

(2) 互联网丰富的数字化资源，为家庭教育提供了便利和新知。

“互联网+”平台有丰富的教育资源，可以支持家长和孩子进行及时、快捷、灵活、跨时空的学习交流，极大地推动家庭教育数字化、网络化、互动化和智能化发展。互联网为每个家庭提供了大量家庭教育的理念、策略、方法和真实案例介绍，更贴近普通家庭的生活。家长可以随时随地在线获取资源，不受时间、空间限制，更加高效、方便、实惠，同时可以与老师和教育专家在线交流。“互联网+家庭教育”极大地丰富了家长的教育经验，同时也起到了感情宣泄和安抚心理压力的作用。

(3)“互联网+家庭教育”有利于激发孩子的学习兴趣，培养青少年的自主性。

“互联网+家庭教育”通过互联网传输媒介，将文字、声音、图标、视频、动画等多媒体形式表现出来，能够更加形象直观地展示出相应数据或者各种各样现实生活中无法看到的场景。“互联网+家庭教育”，将互联网技术及资源和家庭教育进行深度融合，构建更加快捷、便利的家庭教育信息生态，有利于激发孩子的学习兴趣。借助“互联网+”平台，青少年通过电脑或移动终端自由地选择学习内容，发掘自身潜力，提高学习的主动性和独立性。

(4)“互联网+家庭教育”，有利于打破数字鸿沟，促进教育公平。

在传统家庭教育模式下，教育资源主要集聚在各个家庭相对封闭的物理空间内，受社会发展、经济状况、家长学历、教育观念等因素影响，我国省市之间、城乡之间存在教育资源不均衡的情况。互联网具有强大的存储性和交互性的技术优势，可以迅速集纳海量信息，整合世界各国及各类学校的教育资源，最大限度地实现资源共建、共知、共享。"互联网+家庭教育"可以打破数字鸿沟，有效促进教育的公平化和均衡化发展。

二、"互联网+"视域下，我国家庭教育面临的现实困境

"互联网+"方兴未艾，引发社会生产结构和教育方式的转变，家庭作为社会的基本单位，同样受到互联网的影响。我国家庭教育受"互联网+"冲击，面临着诸多不利因素。

（1）互联网信息过载，家庭教育面临甄选困难。

我国传统家庭教育的理念、模式和方法来源较为单一，受外界信息干扰较少。随着"互联网+"的演进，家长们从朋友圈、公众号、微博、直播平台、贴吧、博客、QQ等自媒体上获得的有关家庭教育的方法、目标、内容、观念和案例各类信息，纷繁复杂、数量庞大。互联网信息过载对于身处闭塞地区、年龄较长、文化素养不高的家长来说，有些难以适应，往往会使其迷失方向。部分家长不懂得筛选甄别，极易产生焦虑情绪。

（2）互联网信息良莠不齐，家长监管乏力，教育方式失策。

"互联网+"打破了传统媒介的信息垄断，微信、微博、博客、直播、贴吧和QQ空间等自媒体的兴起，凸显了互联网信息的泛化性、开放性和即时性，其中大量信息良莠不齐。部分青少年鉴别力和自制力不强，因接触不良信息而造成了不小的负面影响。面对孩子使用互联网的行为，有的家长无暇顾及，放任自流；有的家长粗暴压制；有的家长毫无原则，听之任之。家长监管乏力和教育方式失策的情况比较突出。互联网时代，家庭教育应当树立民主化观念，与孩子平等交流对话，科学引导孩子，方能在互联网空间占驻家庭教育阵地。

（3）青少年使用互联网行为出现偏差，亟须家庭教育监管与引导。

随着互联网的发展，微信、抖音、快手、游戏和交友平台快速进入家庭。有些青少年过度迷恋电脑、平板、手机，如果家长不能有效监管，孩子极易深受其害。《中国未成年人互联网运用报告（2019）》显示，未成年人互联网运用面临着诸种风险和问题，主要是网络违法侵害、不良信息影响、个人隐私泄露、网络沉迷成瘾。农村留守儿童上网设备以手机为主，娱乐消遣功能占据主导地位，缺少有效的监管和引导。亲子关系的复

杂性，使留守儿童更易将互联网作为获取精神慰藉的工具。

三、“互联网＋家庭教育”的优化策略

“互联网＋家庭教育”的融合应用是社会发展的必然结果。面对“互联网＋”的冲击，现提出如下优化策略，力求扬长避短，充分运用好互联网，提升家庭教育质量。

(1) 发挥政府主导作用，制定相关法规政策，加强家庭教育指导体系建设。

加强组织领导，强化政府责任，是提升家庭教育质量的关键。积极创建政府主导的领导体制和工作机制，一是制定家庭教育法规和政策，确保师资培养和经费投入；二是建立健全家庭教育服务体系；三是加强家庭教育服务、指导和管理工作，深化部门合作对家庭教育进行科学的指导和有效的管理。

(2) 树立互联网思维，更新教育观念，提升自身素质。

“互联网＋家庭教育”是以互联网技术作为基础，把互联网思维应用于家庭教育之中，构建一个开放、共享、平等的教育环境，这是未来教育发展的方向。作为家长必须清楚地认识到“互联网＋家庭教育”的价值，树立互联网思维，更新教育观念，充分利用互联网资源，积极主动地学习家庭教育的知识，善于甄别信息，提高自身的教育胜任力，有效提升家庭教育质量。

(3) 完善“互联网＋家庭教育”平台建设，建构家庭、学校、政府和社会协同机制。

习近平总书记在2018年全国教育大会上指出：“办好教育事业，家庭、学校、政府、社会都有责任。”霍布斯（Hobbs）提出的“系统—生态”理论认为，家庭教育、学校教育、社会教育是互相关联依存的，共同组成青少年成长的生态系统，他强调多方协同建设，形成合力，使家庭教育系统朝着平衡、和谐、有序的状态发展。依托互联网打造家庭教育生态圈，是需要多方支持、共建共享的一项系统工程。家庭、学校、政府和社会力量协同合作，共同营造“互联网＋家庭教育”的优良环境，促进青少年健康发展。

四、结语

当前，我国正处于发展转型的关键时期，经济全球化、文化多元化、信息泛在化都在影响着家庭教育发展。在“互联网+”背景下，家庭教育需要不断适应时代发展，需要政府、家庭、学校和社会的共同努力。我们要正视“互联网+”带来的机遇和挑战，坚持正确导向，制定家庭教育相关法规、政策，指导家长转变教育观念，完善互联网设施，加强师资队伍建设，积极推动家庭教育发展，为把我国建设成为教育强国夯实基础。

参考文献：

[1] 詹婷. 习近平关于家庭教育重要论述及其时代价值研究 [D]. 绵阳：西南科技大学，2020.

[2] 刘岩. 缺失与重塑——互联网+背景下农村家庭教育指导体系的构建 [J]. 鞍山师范学院学报，2019，21 (1)：82-86.

[3] 张亚妮，牛婉羽. “互联网+”时代下家庭教育的困惑与建议 [J]. 贵州师范学院学报，2018，34 (6)：51-55.

[4] 白海燕. 习近平青少年家庭教育思想略析 [J]. 中学政治教学参考，2015 (36)：16-17.

[5] 米欢欢. “互联网+”时代农村家庭教育的困境 [J]. 教育观察，2020，9 (15)：76-78.

（作者工作单位：湖北省黄冈市浠水县第三实验小学）

传统家庭教育弱化的原因及对策

杨子玉

家庭德育、社会德育、学校德育构成了对孩子德育教育的三维网络。家庭德育作为孩子第一个德育场所，对孩子一生的成长至关重要。然而家庭德育的盲目与弱化已引起全社会的广泛关注。心灵的脆弱、缺乏责任心、做事极端、怕吃苦、以自我为中心等等一些缺点在我们孩子身上集中体现了出来。这样不健全的人格的指引下，孩子们怎能成为社会需要的合格人才？家庭德育的缺失影响的是一代人的成长，因此，培养家长正确的德育观、育人观，培养孩子正确的人生观、价值观，培养孩子健康的心理、健全的人格是学校在建设家长学校中不容忽视的问题。我校家长学校建设紧紧围绕“学生人格品质的形成”这一重点，以帮助家长掌握家庭教育知识为突破口，不断强化家长的家庭德育意识，取得了较好效果。

一、家庭德育弱化对孩子们产生的影响

1. 心理的脆弱导致孩子承受能力下降

作为独生子女的一代，他们享受到的是无可比拟的物资条件的优越。一个家庭，往往是两代大人捧一个孙子：饭来张口，衣来伸手，娇生惯养，怕孩子累着了、伤着了，凡事都包办，久而久之，孩子形成严重的依赖心理，进而导致心理承受能力下降，遇到一点困难就找大人，受一点挫折就哭泣，接到一点任务就推卸。这样的心理承受能力怎能在今后的人生路上立足，又怎能担当起相应的社会责任？

2. 网络的侵害导致孩子心理上的扭曲

电脑的普及、网络的诱惑、网络监管力度的不足，对现在的青少年产生了直接的负面作用。网络对孩子的侵害纵然有社会的责任，但家长作为孩子的监护人更负有不可推卸的责任。暴力游戏让孩子产生暴力心理，“黄色”网站更是对孩子幼小心灵的摧残，对网络的痴迷上瘾让他们产生

心理依赖，荒废学业。学校缺位，父母纵容，监管不力，引导缺乏，这都会让孩子成为网络的受害人。

3. 人格引导的丧失导致孩子健全人格的缺失

诚信、文明、尊老爱幼，这些是对一个人最起码的道德要求。我们很多家长将社会陋习、职场陋习在孩子面前展露，甚至灌输，使孩子的幼小心灵受到不健康的影响。当着孩子的面不孝敬老人，讲别人的坏话，答应别人的事不能做到，坐车主动叫孩子抢位置，捡到东西自己收藏起来，在公共场所随地吐痰等等，耳濡目染，他们怎能不会学会这些“小技量”？这样的“榜样示范”又怎能培养出孩子健康的人格？

4. 功利价值观的灌输使孩子人生目标的选择错位

我们的孩子都有一颗善良的心，都有长大立志报效祖国、回报社会的志向。然而，很多家长认为社会竞争太残酷，往往给孩子灌输：一定要好好读书，长大才能有好工作，挣大钱，开名车，住豪宅；你看别人现在当官多威风，你长大了一定要有出息，要当大官等。功利价值观的灌输使孩子从小的人生志向产生了偏移，孩子从小就树立了读书只为挣大钱、当大官的思想，也使孩子变得目光短浅，志向狭隘，甚至自私自利、唯利是图。

5. 急功近利导致孩子综合能力的下降

在很多家长心中，孩子的分数是排在第一的，别的可以什么都不管。这种教育存在严重的偏差，片面强调孩子的成绩，过分关注孩子的名次，从而忽视其他综合能力的培养。为了提高孩子的成绩，把孩子送到各种“补习班”“培优班”“强化班”，希望孩子天天考第一。见到老师第一句话就是：我孩子考了多少分？朋友之间聚会，比的是孩子在班上排多少名。把分数当作孩子唯一的目标，这种急功近利的思想使得孩子没有了大量活动的时间，剥夺了孩子兴趣的培养，扼杀了孩子个性的发展。孩子之间缺乏交流，缺少朋友，变得自私，生存能力、明辨是非的能力得不到提高。

二、倡导新型家庭德育模式，培养全面发展的阳光少年

家庭德育的弱化我们不能将责任全归于家长。面对很多家长“我该怎么办”“我不知道怎样教育孩子”等一声声无奈的叹息，我校把本年度家长学校的建设重点放在家长培训上，通过现身说教、家长培训会、家长联谊活动、上门家访等形式培养家长正确的家庭教育观，构建新型家庭德育模式。

1. 让家长树立自身的阳光心态是对孩子最好的熏陶

阳光心态体现在保持愉悦的心情，不怨天尤人，面对困难不沮丧等。作为家长，为家庭的生活终日奔波劳累，难免有疲惫和人生的不如意。去年五月，我校举办第四届家长培训会，就要求家长在孩子面前更多地展示自己工作努力、不怕困难、助人为乐的状态，在孩子面前表现出一副阳光心态，不把怨恨带回家，不把埋怨展现在家人面前，不把牢骚在孩子面前讲，更不能将怨恨发泄在孩子或家人身上。这样的形象，对孩子幼小的心灵会产生潜移默化的熏陶，在他们幼小心灵深处树立起正确的人生观、价值观。

2. 让家长放手给孩子动手实践是最好的锻炼

让孩子多动手、勤动手，让孩子养成自己的事自己做的习惯。只有让孩子亲自体验动手劳动的乐趣，才能让孩子理解劳动的意义，懂得劳动的艰辛，珍惜劳动的成果。比如，我们在日常生活中，从早晨起床到晚上睡觉，要求家长不插手，凡事让他们自己做，让他们形成习惯，久而久之，孩子们的动手能力会有很大的提高。适当的劳动能磨炼意志，培养孩子的责任心，为孩子以后的人生之路打了坚实的基础。学校组织了一次“我劳动、我展示、我进步”的主题活动，四百多名家长现场观看孩子们的表演，凡平时自己动手多的孩子的展示能力明显较强，给很多家长留下很深的印象。

3. 让家长明白以身作则是孩子人格形成最好的引导

我校举办“留守学生家长座谈会”，会上，学校邀请3位优秀家长就自己如何给孩子以身示范做了专题报告。以身作则要求家长在日常细节上给孩子做榜样，要求孩子做到的自己一定要先做到，自己的事不随便叫孩子做，在孩子面前树立节约榜样，并做到讲卫生，用文明用语，孝敬长辈，过马路走人行横道等。以身作则要求家长当好孩子人生的引路人，不带孩子进营业性舞厅、酒吧、网吧，不让孩子参与大人们玩的一些打牌、赌博等游戏或活动，不在孩子面前玩电脑暴力游戏等。以身作则要求家长做孩子们学习生活上的好朋友，不以金钱论奖赏，多陪孩子聊聊天，讲生活中催人奋进的事例，多陪孩子读一些好书，看一些好电影，和孩子进行心灵上的沟通，及时掌握孩子思想上的动态；以身作则要求家长创设民主的家庭氛围，在家中有事大家商量，不搞独断专行，充分给孩子发言权，让他们从小学会民主处事，民主待人。

4. 让家长知晓教导结合是让孩子改正错误最好教育方式

一直以来，很多家长对孩子犯错会采用体罚式教育，动辄棍棒相加，从不考虑孩子内心的感受。近年来，屡屡发生的孩子自杀事件，很大一部分是家长盲目的体罚造成的，这应该引起我们的警觉。多年的教育实践中，我们认为教、导结合的方式比体罚更有效。不管孩子犯什么错，我们首先给他们讲道理，通过事例耐心地教育他们，帮助他们认识自己的错误。同时父母应在“导”上多下功夫，讲道理，批评是一方面，引导他们认清错误的根源，找准错误产生的原因，才能真正帮助他们改正错误。

孩子既是家庭的希望，也是祖国的未来。培养一个充满阳光、充满朝气、懂得珍惜人生、勤奋好学的孩子是我们每个家庭义不容辞的责任。我们也相信，只要我们每个家庭充满和谐、民主的氛围，在家庭教育上多下功夫，我们孩子的未来一定充满希望，我们的祖国一定会因为他们而更加欣欣向荣。

参考文献：

[1] 王兆先等. 家庭教育词典 [M]. 南京：南京大学出版社，2012.

[2] 王道俊. 教育学 [M]. 北京：人民教育出版社，1986.

[3] 周利群. 中学教育家校合作的现状调查与推进策略研究：以陕西省商洛市为例 [D]. 西安：陕西师范大学，2012.

[4] 俞国良. 我国中小学心理健康教育的现状与发展 [J]. 教育科学研究，2001 (7)：62-65+69.

[5] 张世富. 心理学 [M]. 北京：人民教育出版社，1988.

（作者工作单位：潜江市田家炳实验小学）

富强思想，家校共育，照亮教育路！

秦莉丽

“一年之计，莫如树谷；十年之计，莫如树木；终身之计，莫如树人。”老祖宗早已告诫我们，要让小树苗成长为大树，需要相当长的时间，但培养一个合格乃至优秀的人才，则需要更多更久的时间，历时悠久且殊为不易。对待“育”之问题，需要百般努力且慎之又慎。

如何去“育”？这个问题贯穿了古今中外的历史长河。回想到我们小时候，在学校上上课，回家做做作业，充实的一天就圆满结束。而今，当年的小小学童已成长为一名小学教师，整个世界都产生了极大的变化，一起改变的，还有教学方式。传统的教学模式，已经不能适应新形势下的教学要求，都说教育要从娃娃抓起，那么改进小学生教育就显得更为重要。

针对新形势下的教学需求，教育部于 2017 年 8 月 17 日发布《中小学德育工作指南》，用于指导全国中小学教师更好地去完成教学工作，为祖国培养出爱党爱国爱人民、有强烈国家认同感和社会责任感的优秀人才。通过对《中小学德育工作指南》的学习，在如何践行新教学思路方面，本人有了很多新感悟。

一、富强思想

思想问题，历来是一切问题的重中之重，正如我党开展各项工作以前，都要统一思想，正本清源，同样，小学教学工作开展前，也需要富强思想。以往涉及课后教育辅导任务，教师们会委托家长帮忙，例如教师无法顾及孩子在家里的学习情况时，会希望家长来督促孩子的学习，常用方法是要求家长检查学生作业并在作业本上签字，假如家长将督促孩子学习的行为理解为代替老师来监督，那么家长对于老师提出的检查要求就会视为例行公事，并不会那么重视。另一方面，家长因工作繁忙无法时刻关注孩子学业时，也会希望老师多帮帮忙，但是这种要求如果形成常态，教师也会因为精力有限或其他问题，造成一时的疏忽。这些不重视和疏忽，其实都源于双方之间在思想上的认识不足或思想有了懈怠。

综上所述，归根结底就是要富强思想。现阶段的小学教育，已不是简单的课堂教学、课后作业就足够了，需要每个主体都参与进来，这其中的主体，包括学生、教师还有家长，所有人都需要认真审视自己，认清自己在这段特殊学段中的作用及重要性。只有先解决思想问题，才能发挥教育过程中每个主体的主观能动性。如何去富强思想？需要从细节做起。

首先，家长需要研习德育知识，富强思想。在学校教师委托家长对学生进行课后辅导时，假如家长能够升华思想，正确认识到这是家庭教育的具体表现，一切的出发点是为了孩子的学习和成长，家长就会端正态度，当态度端正后，思想会指引家长认真对待并付诸行动。当家庭教育走在正确的道路上，整个家庭会营造出一种充满文化气息的氛围，这种氛围会激励孩子学习，同时也会反作用到家长身上，让家长意识到自己所发挥的作用是老师无法替代的，此时家长的责任感和被需要感会稳步上升，进而体验到一种在其他环境中无法体验到的人生自豪感，久而久之，家庭教育就会形成良性循环，这正是我们所希望看到的。

其次，老师们需要研习德育知识，富强思想。老师们不能片面地认为，有了家长的家庭辅助，就可以偷懒懈怠，毕竟，教学才是教师天职，孩子们更多的是在学校课堂上获取知识，认真教学才是尽到自己应尽的义务和责任，只有思想升华，才能更好地在教育岗位上放光发热。

最后，学生作为连接学校教育与家庭教育之间的纽带，也需要省察自我，在学校和家长的引导下，根据校纪校规和良好家风来规范自己的思想与行为。

二、家校共育

家校共育，多措并举，才能完成好新形势下的教学工作。摆正观念、理清责任，只是给教学提供了理论基础，一切从实际出发，做得好不好，如何做？我的体会是，在不同的教学阶段，针对不同孩子们的表现情况，有目的、有计划地走访学生家长，根据实际情况，与家长探讨交流孩子前一阶段的表现和下一阶段的前进方向，制定计划，按时按点检查实施，加强交流，勤于修正，让家长内心得到尊重与认可的同时，从实际意义上开展家庭教育，这样，家校共育就做到了有的放矢，不流于形式和纸面。

此外，无论是家长还是老师，也需要多方位对待孩子们的成长问题。《中小学德育工作指南》中就有提道："教育和引导学生热爱中国共产党、热爱祖国、热爱人民、爱亲敬长、爱集体、爱家乡，初步了解生活中的自然、社会常识和有关祖国的知识，保护环境，爱惜资源，养成基本的文明行为习惯，形成自信向上、诚实勇敢、有责任心等良好品质。"这就要求学校教育与家庭教育不能仅仅局限在孩子的学业上，无数实例证明，只有孩子们德智体美劳全面发展，才是真正意义上的进步。如何去实施？其实很简单，在学习之余，学校因地制宜、因时制宜、因人制宜地组织相应教学研习活动、思想学习活动和身心素质提升活动，家长积极配合，带动学生踊跃参与，共建学生—学校—家庭三位一体的和谐环境。最后，将这种模式建立成长期机制，促进学生—学校—家庭共同进步。

三、结束语

家庭与学校是孩子成长的两大摇篮与支柱，就像雏鹰的两翼，两翼齐飞，方能一飞冲天！只要大家富强思想，理清思绪，多方努力和探索，做好家校共育，就能帮助孩子们更好地成长，教育之路也会更加光明！

参考文献：

［1］李敏，崔露涵．改革开放四十年小学德育课程的嬗变与反思［J］．当代教育科学，2019（9）．

［2］党占海．小学"互联网+"背景下家园共育的研究［J］．学周刊，2017（35）．

［3］中华人民共和国教育部．教育部关于印发《中小学德育工作指南》的通知［EB/OL］．（2017-09-05）［2020-11-21］http://www.moe.gov.cn/srcsite/A06/s3325/201709/t20170904_313128.html.

（作者工作单位：潜江市江汉油田向阳小学）

乡村地区中学生学校教育对家庭教育习惯养成的实践与研究

陈　兴

竹溪县中峰镇中心学校，地处老旧居民区，周边环境较为复杂，居民中既有“老赖”，也有无固定收入的农民，更有不少来自各乡村的外来人员。同时，学生家庭结构也比较复杂，比如单亲、离异、再婚重组、寄养家庭等，导致许多父母在家庭教育方面的理念和方法存在不少误区，教育效果差强人意，迫切需要来自教师的家庭教育指导。在我们乡村教师日常工作走访和调研中也不难发现，学校刚入职三年内的职初班主任和教师由于工作经验不足，开展家庭教育指导的方法相对单一且自信心不足，特别是面对情况较为复杂的学生家庭教育指导需求，既缺乏相关的理论指导，也缺乏有效的策略和成功经验，因而急需提升新入职教师开展家庭教育指导的能力。基于问题与需求，确立了以满足新入职班主任专业发展需求、建立专业自信、提升家庭教育指导工作实践能力为核心的研究目标。

一方面，基于现实情况，从角色认知、家校合作、师生沟通、问题识别、情绪疏导、特殊个案辅导等六个方面，设计符合我校教师开展家庭教育指导工作需求的培训课程，以入职培训的运作方式确保实施。另一方面，通过推荐阅读相关专业书籍、资料，强化职初班主任相关理论的学习，促进其自身提高专业素养，储备必要的家庭教育指导理论知识。

家庭是乡村地区初中学生成长的重要场所，他们行为习惯的养成会在很大程度上受到家庭教育环境和理念的影响。从某种意义上来讲，三岁看老，看一个孩子的行为就可以大致了解这个孩子的家庭教育情况。家庭教育直接或间接影响这些初中生的性格、态度、品行和学习习惯。但是由于乡村地区经济水平相对落后，外出务工人员不断增多，乡村留守儿童的数量与日俱增，乡村中学生家庭教育问题日益凸显。如何培养乡村中学生良好的学习习惯成为目前像竹溪这样的落后乡村急需解决的问题。

一、乡村地区初中学生学习习惯养成现状及其家庭教育原因

（一）乡村地区初中学生学习习惯养成现状

相关调查表明，乡村地区中学生在学习中的表现呈不同现状：第一类，表现优异。有三分之一的乡村地区中学生在学习和生活中表现优异，学习主动、成绩优秀、学习态度认真，并且能够自觉做好自身学习任务和辅助班级工作。第二类，表现良好。有三分之一的学生在学习和生活中表现良好，即在教师的管理下，他们能够认真听课、按时完成作业、学习成绩有所上升，但是一旦脱离管理，学习态度就会比较懒散，学习成绩下降。第三类，表现较一般。最后三分之一的学生在学习和生活中的表现都不尽如人意。上课不认真听讲、学习态度懒散、不按时完成作业、学习成绩差、调皮捣蛋，甚至影响他人学习。

（二）影响乡村地区中学生学习习惯养成的家庭教育因素

由于竹溪地区经济水平落后，教育条件有限，很多类似中峰镇这样的乡村初中学生的家长都没有受到过良好的教育，文化水平较低，导致他们对于现在科学的知识缺乏认识，即便是想辅导和监督子女完成作业也无能为力。再加上工作和劳动的原因，很多乡村家长并没有太多的时间和精力放在孩子的教育上，都是采取“放养”的形式，任由孩子自由发展。而中学生的自我管理意识较差，在没有家长指导和监督的情况下，就更加不会自觉地去完成作业，这对于学生良好学习习惯的养成是非常不利的。

二、乡村地区家庭教育与培养中学生良好学习习惯的策略

（一）加强对乡村家庭教育的重视，积极与孩子沟通

由于乡村地区初中学生的监护人平时农务繁忙，对于孩子疏于关注和管理，孩子平时在学习中遇到困难无法得到及时的指导，久而久之会严重打击孩子的学习自信心，进而学生的学习态度开始出现问题，喜欢抱着应付的态度去解决问题。针对这样的现象，乡村家长必须要清楚地意识到“教育是最好的投资”，并加强对家庭教育的重视，拿出更多的时间与自己的孩子进行沟通，去了解孩子在学校的情况以及在学习中遇到的困难。即便是自己无法帮助孩子解决困难，但是可以及时地与学校教师进行沟通，

了解孩子在学校的表现，并根据孩子的情况，与教师、孩子一起制定相应的学习方案，监督孩子完成学习计划，以此来帮助孩子养成良好的学习习惯。

（二）给孩子树立榜样，促进孩子健康成长

父母是孩子的第一位老师，也是最重要的老师。父母的言行举止都会对孩子产生深远的影响。俗话说，言传不如身教。在家庭教育中，父母应当要为孩子树立良好的榜样，以此来帮助孩子养成良好的行为习惯。但是由于大多数乡村家长在家庭中不注重自己的言行举止，导致孩子有样学样，这种影响是潜移默化的，使孩子养成了不好的行为习惯，比如，说脏话、不讲道理等。为了帮助孩子养成良好的行为习惯，促进孩子健康成长，乡村家长在日常生活中应当要注意自己的言行举止，为孩子做好表率。比如，为了培养学生今日事今日毕的良好习惯，家长自己就必须要做到，今天的事情今天必须完成。言传身教是最好的家庭教育方式，乡村家长应当要以身作则，为孩子树立榜样。

（三）统一教育理念，增强家庭教育效果

家庭是由很多的家庭成员共同组成的，每个人在教育上都有自己的观念，家庭教育理念分歧是影响家庭教育最为重要的因素。因此，在乡村地区中学生的家庭教育中，家庭成员应当要协商统一出一致的教育理念，这样才能够取得良好的教育效果。但是由于大多数乡村中学生的父母外出务工，孩子是和家里的长辈生活在一起的。由于隔代亲的原因，很多老人对孩子都是采取溺爱的态度，这对小学生良好学习习惯的养成是非常不利的。这就要求中学生的父母经常会与其他家庭成员交流，保持教育理念的一致性，以此来帮助孩子养成按时完成作业、不玩手机的良好习惯。

三、结语

家庭教育对于乡村中学生学习习惯的养成能够产生至关重要的影响。因此，学校应当要加强对乡村学生家庭的思想教育，增强乡村家庭的教育观念，提升对孩子教育的重视程度，并在生活中为学生树立良好的榜样，促进学生良好学习习惯的养成。同时社会各界也应当要加强对乡村中学生教育问题的重视，共同努力，为乡村中学生的健康成长贡献力量。

参考文献：

[1] 孙泽文. 中小学生行为习惯养成教育的策略研究 [J]. 教育参考，2015 (1)：108-112.

[2] 王正惠，刘琳琳，汪辉. 农村留守儿童学习习惯问题研究：以西部民族地区S县留守儿童为例 [J]. 绵阳师范学院学报，2016，35 (9)：57-64.

[3] 葛正花. 农村地区小学生家庭教育与学习习惯养成的实践与研究 [J]. 新课程，2020 (1)：1.

[4] 范先佐，郭清扬. 农村留守儿童教育问题的回顾与反思 [J]. 中国农业大学学报（社会科学版），2015，32 (1)：55-64.

[5] 陈浩. 提升职初班主任家庭教育指导能力的实践研究 [J]. 现代教学，2020：112-114.

（作者工作单位：十堰市竹溪县中峰镇中心学校）

重智轻德：家庭教育的最大误区

安良海

现阶段，中小学生家庭教育存在诸多误区，其中一个“牵一发而动全身”起着鲜明导向性作用的误区，即重智育轻德育。家长们普遍认为孩子学习成绩好、考试得高分才是硬道理！

一、重智轻德误区的表现

在中小学生家庭教育中，重智育轻德育、重成才轻成人、重应试轻能力的现象是比较普遍的。“重点幼儿园—重点小学—重点中学—重点大学—出国”是不少家长为孩子设计的一条理想生活轨迹。很多家长送孩子上学的根本目的是谋求上一所好大学，将来获取一份好工作，学业成绩与考分排名便成为家长们关注的焦点。“只要你把学习搞好，别的什么都不用你管”是很多家长的口头禅。成绩的好坏成为家庭教育好坏的重要的甚至唯一的衡量标准。特别是对于00后而言，“父母对他们的家庭教育，更多体现在‘知识性’教育上，而本应更为重要的‘道德性’教育却出现滑坡。‘重知识轻德育’成为00后家庭教育的突出特点。”有家长说：“如果看到孩子回家不写作业，或者很快就写完了，就会感觉不安。”家庭教育中对“高分”的终极追求仍是其核心价值导向。

通过一项问卷调查：“您觉得学校对孩子的教育和培养，主要侧重在哪些方面?”认为侧重在“考试分数、学业水平”的家长比例高达57.27%，这在某种程度上说明“应试”在家长眼中仍然是学校最显见的教育目标。某重点初中在家长中做了一次调查，调查显示110名学生家长中，热切希望子女将来能升重点高中、考名牌大学的有34人，占33%，其他家长也都希望子女将来能考上一所理想的大学，而无一位家长明确表示希望孩子长大后能为本地经济建设服务。

二、重智轻德误区的家庭成因

(1) 社会竞争使然。社会转型期的突出矛盾集中反映到人民群众对教育特别是优质教育资源的需求上。孩子的教育是一场家庭输不起的战争，而战争取胜的关键是“分数”。特别是随着人工智能时代的到来，劳动力人口越来越富足，竞争的压力加大，从成人到儿童，无不被现代化形势驱使着不断学习。成人（家长）很早就把社会竞争的巨大压力转移到孩子身上，分数成为孩子成长道路上的一座大山。

(2) 道德认同感低。现阶段的道德危机或滑坡，使家长对道德现实难以产生认同感，因而很难在家庭教育中对子女实施有效的道德教育。比如，家长高度认同“诚信”这一价值品质，但在现实中又担心孩子诚实容易吃亏。

(3) 德智关系颠倒。一个正常的人的发展应当包括生理、认知、情感、精神、道德、社会性这六个方面。其中，道德对于孩子的健康发展起着导向、动力和保证的作用。但多数家长对德育与智育的关系认识模糊。

(4) 错失德育关键期。道德学习及道德推论和道德感性能力是大脑前额叶担任的工作，敏感期在 3 岁到 8 岁之间，是人的道德观念形成的最关键时期，10 岁之前儿童的道德观念的构建已基本完成。也就是说，道德学习的决定性时期是在 10 岁之前。不少家长认为孩子还小，不懂事，给他讲道理也听不懂，因而对于出现的一些品德问题听之任之；有些道德品质等孩子大了自然就会养成，所谓“树大自然直”；有些道德行为如做家务可以通过突击训练来习得，而学习成绩是等不起也输不起的，必须从每时每刻抓起，须臾不可怠慢。殊不知，德育才是孩子最重要的起跑线，它的培养也有最适宜的时期，错过了关键期，弥补起来比知识学习上的补课更困难。

(5) 德育考评困难。与智育相比，德育的考评具有主观性、复杂性以及不可测量性等特点。考评的结果往往不能给家庭带来近期的直接的实际利益，自然不会引起家长的重视。

三、重智轻德误区的规避策略

(一) 强化政府职责，搞好顶层设计

规避“重智轻德”的误区，地方党委、政府责无旁贷，要树立大教育

思想，像抓学校教育那样抓家庭教育。当前最紧要的是政府要做好以下顶层设计：

（1）制定有关家庭教育的地方性法规。明确家庭教育的地位、相关责任主体、实施主体、投入主体及各自的权利和义务，规范国家机关、企事业单位、社会团体、家长及其他监护人对未成年人家庭教育的共同职责，加强对现有家庭教育市场活动的监管，为家庭教育事业发展创造条件、提供保障。

（2）将家庭教育事业发展列入国民经济和社会发展规划。家庭教育工作经费纳入本级财政预算。按社区人头设立家庭教育专项经费，提供全方位家庭教育服务。将家庭教育课程项目纳入每年政府“十件实事”项目，投入经费予以落实；将家庭教育知识宣传普及和家长家庭教育指导服务纳入公共服务范畴；建立家庭教育指导者资格认定制度，实行家庭教育指导相关机构准入制度；制定家庭教育规划和年度工作计划，建立督查评估制度，对家庭教育工作突出成绩和贡献的单位或个人给予表彰和奖励；设立本市家庭教育日；在各级教育行政部门设立家庭教育科。

（3）坚持正确的育人导向，建立科学系统的教育评价体系。委托第三方机构建立教育质量标准和监测评价制度体系，完善学生综合素质和学业评价体系。将高度单一的唯分数至上的评价体系改革为以个体能力为核心的个性化和多样化的评价。建立学生课业负担监测和公告制度，减少作业量和考试次数，减轻学生课业负担。认真贯彻落实教育部关于“不得以任何形式向所属高中学校下达升学指标”“不得以高考成绩为标准奖惩局长、校长、教师等”等相关规定。

（二）强化主体责任，提升家长素质

（1）学习家庭教育知识，树立正确的家庭教育观念。

明确家庭教育与学校教育的分界线，明确家庭教育的主要任务是对孩子进行道德人格教育，避免家庭教育扬短避长，重点错位，成了“第二课堂”和“补课班”，家长成为学校老师的“助教”。

（2）鼓励家庭成员共同培育家庭文化，传承良好家风，构建平等、和谐、和睦的家庭教育环境。

（3）高度关注孩子的生理、心理状况和行为习惯，以健康的思想、良好的品行和适当的方法教育和影响孩子，引导孩子进行有益身心健康的活动。及时了解和掌握孩子不同年龄段的表现和成长特点，降低期望值，做

到因材施教，不断提高家庭教育的针对性。

（三）强化专业指导，办好家长学校

（1）制定相关操作规范。如依照《家庭教育工作评价标准》等政策性文件，督促各级学校办好家长学校。

（2）建立“家长学校总校—分校—基层家长学校”的完善的组织网络。把家长教育纳入学校常规管理，给予教室、课程、教师、教材、教学计划、教学评价等的支持，力求“把最先进的家庭教育知识送进每一个学生家庭”，让家长到家长学校学习，“来一次，收获一次”，不流于形式。

（3）组织专家团队研发家庭教育系列课程与教材。家长学校建设力争实现“四化”，即课程设置教材编写系列化、教学方式方法多样化、学校规模小班化、师资队伍灵活化等。

（四）强化社会参与，形成家教合力

（1）整合全社会资源。各相关部门密切协作、发挥合力，建立起一套学校、社会、家庭相互沟通、优势互补的家庭教育工作运行机制。

（2）形成正确舆论导向。运用各种媒体和宣传手段，普及家庭教育知识，营造家庭教育文化氛围。引导家长更新家庭教育观念，倡导平凡教育，杜绝将当状元、考重点大学和当博士等作为孩子必须要完成的目标。

（3）构建家庭教育社区支持体系。推动建立街道、社区（村）家庭教育指导机构，利用节假日和业余时间开展工作，每年至少组织两次家庭教育指导和两次家庭教育实践活动，将街道、社区（村）家庭教育指导服务纳入社区教育体系。

（作者工作单位：襄阳市第三十六中学）

中学生家庭教育的几个心理学问题

陈仁馨

心理学对人的发展有着规律性的解释，成为家庭情境下为孩子成长提供必要指导的教育依据。中学生家庭教育的对象是中学生，中学生心理发展的阶段性特点，对中学生家庭教育提出了不同于其他年龄阶段的要求。依照心理学家埃里克森的观点，中学生的阶段发展任务是获得同一性，“同一性”是指青少年飞跃的变化和摆在面前成年的任务，使他们关心的重点是“自我”，他们将现有的能力和素质与将来的角色联系，得到对自己将来的信心度，如果相称，就获得同一性，反之则发生混乱。具体来讲，中学阶段的同一性就是孩子在中学阶段要完成的社会化内容，也就成为家庭教育在这一阶段的中心内容。

中学生家庭教育的主要心理学教育依据包括与社会化相关的社会心理学、与人格养成相关的人格心理学、与学业相关的学习心理学，以及与人际交往相关的人际心理学等。

一、中学生家庭教育的社会心理学问题

所有教育目标都指向个体的社会化，家庭教育亦在其中。个体的社会化内容主要包括：获得自理和谋生技能、习得社会规范（法制规则、道德规范）、承担社会角色、完成价值社会化。家庭是个体社会化的主要场所，儿童社会化是家庭教育最主要的目标，因此也就成为家庭教育的核心任务。

儿童社会化作为家庭教育目标，随不同的社会要求而不断更新、调整，尤其在社会急剧变迁的时代更是如此。社会变迁对人的社会化的影响是全面而深刻的，当代中国正是处于百年未有之大变局过程之中，经济、政治体制的重要变化，带来社会意识、社会心理的重大改变。家庭教育作为儿童社会化最初的、必需的教育，必须接受社会变化的直接规定，才能

适应社会的变迁。家长是家庭教育目标的执行者，是制定孩子培养质量规格的具体落实者，因此，了解变迁之中社会意识、社会心理的发展变化，十分重要。

现阶段的社会环境更多地强调独立、个性，重视培养公正、分享、合作、内化的日常道德行为，注重独立性、批判性、责任感和创造性，其中，对于中学阶段的孩子来说，独立性发展是他们要解决的核心问题。

二、中学生家庭教育的人格心理学问题

在中学阶段，孩子的独立性发展和心理健康是人格发展的两个核心问题。

1. 独立性发展的人格心理学问题

中学生家长要关注孩子的独立性发展，这既是社会化的核心问题，同时也是人格发展的核心问题。独立性主要包括独立意识、独立判断、独立解决问题、独立评价、承担责任等要素，这些要素的发展需要条件，而来自家庭教育提供的条件显得至关紧要。

中学生发展独立性的条件是什么呢？从心理学角度看，有两个条件是必需的：适当牺牲成人的权威和充分的同伴交往。

（1）成人的权威不能成为中学生独立性发展的障碍

独立性发展在中学这一阶段，表现为中学生从内心对长辈，尤其对家长是叛逆的，其本质是要摆脱权威和成人世界对他们心理世界的控制，这是孩子长大、成熟的必经之路，因此心理学认为，成人的权威不能成为儿童独立性发展成熟的真正原因。因为独立性的发展要以独立判断为先决条件。在亲子关系之中，如果要求中学生“听话”，要求对权威的服从和无违，也就是要求中学生以权威的判断为判断，以成人的是非为是非，这种服从和无违可以赢得成人的一致赞赏，在权威的接纳和庇护下安全无惊地过渡到成人期，但是家庭教育为此付出的代价也极其沉重，是以孩子丧失个性为代价的。所以心理学强调孩子独立性发展的真正条件，是以牺牲成人的约束和强制为代价，家长要有意识地提供给孩子这种条件。

提供给孩子这种条件并不是一件简单的事情，具体来讲，家长如何认可中学生这种叛逆和反抗的合理性？一般来讲，中学生对权威的反抗并不一定都以“无错”形式出现，很多时候还表现为“是非问题”“明知故犯”，往往导致家长认为问题严重，必须严加约束。其实很多时候孩子就

是一种叛逆态度，并不存在是非问题，是表示希望独立的一种方式，告诉成人们他（她）不是只会听话的乖乖小孩了，有自己的看法和判断。家长要学会从反抗的合理性这个角度去评价中学生，理解他们的成长心理，切勿简单评价“是非”。从认知角度讲，中学生何尝不知“是非”？但他们的成长更需要摆脱权威，认同自己，伸展出哪怕尚显幼稚的智慧。

中学生独立性发展的条件，首先需要家长让孩子学会做决定。从中学生的成长角度来讲，不让他们做决定是非常危险的事情，因为一个人禀赋才能发挥和实现的程度，取决于他所得到的自主的程度。中学生丧失独立做决定的条件，就始终无法脱离“权威遵从”心理水平，很难获得良好的社会性发展，甚至不能解决基本的人生课题。家长要懂得，一个人的高抱负、雄心、独立性、批判性、主体性、责任感、求新求异、创造性的形成，都需要在他自主的活动过程中形成，而自主活动的家庭条件，主要依靠家长提供。

发展学生独立性其次还需要的一个条件，是孩子应该被允许失败。中学阶段孩子面临着学业、人际、情感等重大人生课题，遇到困难、挫折和失败是经常性的，家长如果不允许孩子失败，甚至反复纠缠孩子的失败和差错，孩子就会选择更加保守、服从，以降低失败的可能性，不敢做尝试、选择、质疑和进取的努力，独立意识、独立判断就很难得到发展。在这个问题上，家长要记住：对于中学生独立性的发展而言，失败具有与成功同等的教育价值，甚至更高。

在市场经济的社会条件下每个人都将获得更多的发展机遇，但同时也必然遭遇更多的失败和挫折，中学生的学业、人际、情感随时都可能遭遇挫折和失败，所以允许失败、让孩子学会承受失败，获取失败的价值，是家长非常可贵的教育意识，也是对孩子独立性发展的锻炼和培养。同时在方法上，家庭教育要因机设教，在孩子学习生活过程中提高其承受失败的心理素质，而不是生硬地制造所谓的挫折情境，脱离孩子的生活实际，孤立地进行抗挫折教育。

（2）充分的同伴交往

中学生独立性发展的另一必需条件是充分的同伴交往。儿童心理学家皮亚杰指出：“随着儿童年龄的增长和活动范围的扩大，在同伴间所进行的基于相互尊重和平等原则之上的社会交际和合作活动日益成为道德发展的主要推动要素。”

在亲子关系中，家长不能单纯考虑成人对孩子成长的意义，还要考虑同伴对孩子的重大作用。同伴对中学生之所以重要，是因为中学生的独立性发展中同伴关系的支持功能具有不可替代性，也就是说，亲子关系、师生关系的功能与同伴关系的功能无法相互替代。

同伴关系对中学生的社会化有着非常重要的意义，心理学研究指出同伴的友谊具有多种社会支持功能：从权威中独立出来，获得稳定感，消除孤独感；在压力的环境下得到情感支持，学会理解，学会宽容，学习评价他人，相互提供亲密、协调的经验；掌握社交技能，提高儿童的自尊，促进诚实、平等的发展等。所以在中学生的社会性支持功能中，亲子关系的功能颇具有限性，因为相对于中学生的同伴关系，其心理相齐、情绪满足、社会认同感、团体归属感，都是其不具备的。正因如此，中学生更看重同伴，毫无怀疑地认定同伴对他们更重要。基于此，家长的责任是指导孩子注重同伴关系，提供孩子与同伴充分交往的家庭条件，使之不断获得来自同伴的心理支持，促进其独立性发展。

2. 心理健康培养的心理学问题

围绕中学生心理健康的培养，家庭教育要重点关注两点：

(1) 了解心理健康的构成和指标

中学生家长要有意识地了解心理健康指标，才能胜任中学生心理健康培养的任务。心理健康的主要指标有抑郁性、情绪稳定性、自卑感、神经质、主客观性、协调性、细致性、思考倾向性、支配性等。

(2) 重视中学生的精神需要

心理学研究认为，儿童及青少年心理的健全发展水平，很大程度上取决于他们精神需要得到的满足水平。中学生正处于内心激烈动荡的青春期，自我确立的过程充满了不安、断裂、怀疑和否定，精神需要十分强烈。据调查，高中学生的精神需要排在前三位的是：朋友、知识能力、升学，可见他们的精神需要已经转向同伴和自身发展，因此如何通过心理支持、通过学业进步而确立自我，获得良好的自我意识，成为中学生家庭教育的重心。家长要认真关注他们的精神需要，调动教育手段提供充分的来自家庭的支持，提高中学生的精神需要满足度，保证孩子的心理健康。

三、中学生家庭教育的学习心理学问题

1. 协助孩子完成学业

协助孩子完成学业是中学生家长的重要任务，学业是中学生社会谋生、独立生存的预备。

在中学生阶段，学生主要的人生课题是系统学习科技文化知识，因此协助学校教育指导孩子适应中学学习、学会学习、完成学业是中学生家长的重要任务。

初中和高中两个阶段，学习指导的重点要有所侧重。初中阶段学习指导的重点首先是适应中学的学习，学会处理比小学更复杂、难度更大的学习内容，发展快速阅读能力、归纳能力、分析能力、理解记忆能力等，注意纠正以机械记忆为主的学习方法，强调学习和练习的有效性，指导学生形成追求“有效学习”“高效学习”的明确意识。

高中阶段的学习指导要突出胜任高中学习内容的方法，注意提炼适合自己高效学习的方法，更注重对学习策略、学习过程的调控，能掌握考试心理及技能，归纳知识点并总结出它们之间的联系。同时，高中学生面临高考，优化考试心理和考试策略，知识预备度和心理预备度两种准备都要充分。协助孩子完成中学生学业，争取让孩子更轻松地接受高等教育和专业技术教育。

2. 优化中学生的学习心理

长期以来我国以“认识活动为目标”的教学模式，以“政治思想品德为目标”的德育模式，缺少健康积极的学习心理培养，导致我国中学生中有不良学习心理的人比例较大，考试心理水平不高，尤其是高中生中有不良学习心理、不良应试心理的比例较高，考试时失水准的情况也较常见，这与缺少指导有很大的关系。

针对这种不足，中学生家长要了解一些学习心理学的基本知识，掌握一些优化孩子学习心理的方法。除了一般正常的强化、多关注、多交流之外，这里提醒家长要重视体育的心理功能。在优化中学生学习心理的有效手段中，体育是一张非常有效的“好牌”，是中学生家长必须要“打”的一张“牌”。不少中学生家长担心孩子学习时间不够，总设法减少孩子的体育锻炼时间，甚至完全取消孩子的体育活动，不善于打这张“牌”，这是极不明智的。家长要懂得，体育对消除不良学习情绪、调动生命能量的

独特作用不可替代，身体活动是中学生极为强烈的需要，这种需要得不到满足，消极情绪大量堆积，压抑身体活力，破坏中学生的积极学习心理，学习低效甚至无效、负效。所以即使单单为了优化学习心理，体育也是不可或缺的。体育活动能有效消除不良情绪，让孩子保持蓬勃的精神状态，平衡心理，保证紧张学习消耗的能量得到补充，是优化中学生学习心理的有效方法。

四、中学生家庭教育的人际心理学问题

家庭教育关系也就是亲子关系，形成富于建设性、积极性的亲子关系，家长自身的心理水平起着决定性作用。家长身在社会中，同样承受着生存压力，处理着复杂的人生课题，因此要保持良好的心理状态，保持良好的亲子关系，要主导两点：一是有意识地提高对生存压力的防御机制水平，二是有意识地提高情感水平和人际技能水平。

1. 提高对生存压力的防御机制水平

社会转型、市场经济、激烈的社会生存竞争对家长构成的职业压力远远高于以前，同时社会转型也给家长带来巨大的价值困惑、教育困惑、失败感、无效感等，这些都可能导致家长的生存紧张。此外，家长积累的经济、文化条件如果不充分，或者处于不利地位，家长的心态有可能比较脆弱，在亲子关系中更有可能心绪恶劣，容忍度低，甚至教育失控。因此，家长要有意识地提高对生存压力的防御机制，始终重视自我发展，提高心理健康水平，才能在亲子关系中保证双方积极的、富于建设性的精神状态。

2. 提高情感水平和人际技能水平

中学生家长作为家庭教育的教育者，应该有意识提高情感水平和人际技能水平。据有关研究，教育能力强弱的50余项指标中，有30余项在本质上是情感的，如满足感、成效感、鼓励、对置感、爱、期待、希望、宽容、严肃、乐观、稳定、不偏不倚、公平、耐心、欣赏等，与之相对的有敌对、嫉妒、绝望、狂怒、轻视、发泄、偏爱、冷漠、任性、烦躁、不顾后果、冲动、情绪强制、不善言辞、积压、不好随时疏通等。

家长人际技能是指家长与孩子沟通交流的能力，这是满足孩子精神需求、充分调动孩子积极情绪的重要能力。忽视亲子沟通，不重视沟通技能，在孩子的中学阶段，亲子之间难以沟通，甚至可能因情绪积压而形成

紧张的、怨恨的或冷漠的心理关系，加剧亲子双方的心理压力，导致家庭教育的失效。

提高家长情感水平和人际技能水平的途径有多种，其中很重要的途径是家长自学和政府有关部门的培训指导。现代教育培训已经开始意识到在家庭教育中对家长情感、人际训练的重要性，教育发达国家将指导家长形成积极情感和提高人际技能列为重要的培训目标，我国家庭教育指导也已逐渐将这一内容列为家长学校的指导目标和内容，这对中学生家长提高情感水平和人际技能水平是很有意义的。

（作者工作单位：老河口市袁书堂中学）

论家庭教育对孩子的影响

姚珺珺

很多的家长对于家庭教育的认知很模糊，单纯地认为给孩子报辅导班，监督写作业，督促孩子上好的中学、大学就是家庭教育了，其实真正的家庭教育远远不是这么简单！

家庭教育是教育的基础，是孩子成长的后盾，是整个教育的核心。良好的家庭教育更易于培养出社会性高、独立自主、性格完整的孩子。相反，生长在家庭教育不恰当或教育氛围淡薄的家庭中的孩子，往往在性格上存在缺陷。

首先我们要先明确什么是家庭教育，它包括什么。家庭教育是指家长对孩子实施的教育。它主要包括家庭教育的环境、家庭教育的方式以及家长的为人与处事态度。

家庭教育的环境是指孩子在家庭生活中所感受到的对其身心发展造成影响的日常因素。在众多因素里，对孩子性格影响最大的是家庭成员之间的关系和家长与孩子的关系。我们可以很容易地想到在和谐的家庭氛围中成长的孩子，每天耳濡目染家庭成员间的和谐融洽，即便发生矛盾也能相互理解、共同进退，会比其他的孩子更容易养成互助互爱、体谅他人、重视合作的品质。相反，在另一类家庭中，家庭成员之间斤斤计较，相互算计，动辄谩骂乃至于大打出手，在这种环境下成长的孩子往往会形成冷漠、孤僻、封闭自我的性格，重者甚至会导致犯罪。

既然家庭成员之间的关系是孩子对社会的最初理解，那么家长与孩子的关系又和什么有关呢？其实，家长与孩子的关系会在很大程度上影响孩子的自我认识。家长若过分强调长幼尊卑，要求孩子无条件服从自己，那么不管家长的出发点是好是坏都会压抑了孩子的个性发展。这样容易使孩子形成胆小怕事，自卑退却或极端叛逆的性格，稍有不当便会偏离正确的人生轨迹。而另一类家长把孩子放在与自己平等的关系上，遇事会征询孩子意见，常与孩子商量，即便孩子的意见大多数时候并无太大建设性，但家长与孩子间的这种民主关系仍对孩子的成长造成很大影响，这类孩子会形成善于倾听，敢于表达自我，形成独立性强的性格。

可见，家庭教育的环境是十分重要的，良好的家庭教育是孩子与他人和谐相处并形成正确的自我意识的必不可少的因素。接下来，我们要讲的是家庭教育中最重要的组成部分，家庭教育的方式。在这里我们主要把家庭教育的方式分为四大类：专制型、溺爱型、放任型和学习型。

第一类专制型的教育方式，是指家长对孩子的喜好、需求采取“一刀切”的方式，粗暴地帮孩子决定一切，从不或很少理会孩子的真实想法。这类教育方式大多发生在传统观念较强的家庭。这样的家庭里家长十分重视尊卑秩序而漠视孩子的需求，长此以往会使孩子形成胆小怕事或暴躁叛逆的性格，这不仅使孩子失去了展示自我的机会，也十分不利于我们完成建设创新型社会的任务。

第二类溺爱型的教育方式，它恰好与专制型相反。采用溺爱型教育方式的家长以“最大限度满足孩子的要求”为原则，不管孩子的要求是否合理都会尽量满足，忽视实际，没有底线。在这种教育方式下培养出来的孩子俨然是“小皇帝”“小公主”，他们极度以自我为中心，不喜欢分享，常以命令的口吻吩咐他人，形成了霸道、自大、脆弱的性格。这种性格十分不利于与他人的交往，同时也使孩子的合作能力受到很大损害。

第三类放任型的教育方式，是指父母专于工作，对孩子关心较少，缺乏与孩子的情感交流。这类孩子往往十分情绪化，喜怒无常，且常表现出妒忌、焦虑或具攻击性的行为。他们的大多数行为并无意要冒犯他人，只是内心的焦虑与脆弱无处释放，希望通过这些行为引起身边人的关心。对于这类孩子，我们要用宽容的心引导孩子建立自我认知，给予他们适当关心与帮助，培养他们的责任感与担当，孩子的心态自会平和。

第四类学习型的教育方式，采用这种方式的家长能够较好地引导孩子思考，分享孩子的内心情感并帮助幼儿形成独立的人格。这种教育方式培养出来的孩子往往具有独立自主、善于思考、创造性强、懂得与他人相处的良好品质。

我们可以从上面的几种教育方式看到，我们对孩子实施不同教育，孩子反馈给我们的个性也会各不相同。家长作为孩子的主要模仿对象，不仅要找准教育方式，还要注意自身的行为，真正做到言传身教。下面我们将谈到家长的为人与处世态度对孩子性格养成的影响。

孩子生活环境单一，接触的人少，活动也不多，所以父母自然就成为孩子眼中的一片天。很多父母不注意自己的言行，认为孩子还年幼，可以随意应付，殊不知孩子的模仿能力极强，父母的一言一行都有可能被孩子“克隆”下来并伴随终生。比如，孩子的父母十分热心，常常帮助他人，为人开朗乐观，处事平和淡然，孩子也会变得富有同情心，坦然对面困难。又比如，孩子的父母亲下了班后就沉迷于游戏、购物、电视剧中，孩子也会变得懒散、无目标。如果说父母是孩子的老师，那么孩子的言行就能体现出父母的教育理念。

既然我们已经知道家庭教育对幼儿性格的养成有重大影响，那么我们要怎么把好家庭教育这一关呢？我认为，家长们要做好以下几点：

（1）正确解决家庭矛盾，以宽容谅解之心对待他人，营造温馨和谐的家庭氛围；

（2）以民主的方式对待孩子，不因为孩子尚年幼就剥夺他表达意愿的权利；

（3）根据孩子的特点找准教育方式，站在孩子的角度思考问题，切忌用成年人思维去衡量孩子；

（4）真正做到言传身教，言行一致，成为孩子学习的好榜样；

（5）真正承担起父母的责任，感知孩子的内心世界，让家真正成为孩子幸福的港湾。

孩子不仅是父母的宝贝，也是祖国的花朵，得当的家庭教育是孩子健康成长的基础，也是培养孩子良好性格、健全人格的最重要途径。愿孩子们能在良好的家庭教育中找到完整健全的自我。

（作者工作单位：枣阳市环城丁庄小学）

浅谈如何强化农村家庭教育的实效性

黄　源　肖　倩

习近平主席指出："无论时代如何变化，无论经济社会如何发展，对一个社会来说，家庭的生活依托都不可替代，家庭的社会功能都不可替代，家庭的文明作用都不可替代。"为了从某一侧面了解当前农村家庭教育的实际状况，最近，本人对我校八年级156名学生和152名家长，分别进行了问卷调查和微信、QQ群等方式的交流，了解到农村家庭教育存在的问题，让人警醒，更值得深思。下面，本人想从以下几个方面谈一谈自己浅略的看法。

一、当前农村家庭教育的现实困境

通过对我校八年级156名学生和152名家长进行的问卷调查和微信、QQ群等方式的交流了解，本人认为，当前广大农村的家庭教育存在着以下困境：

（一）时间地域受限，想教育但鞭长莫及

教育部《关于加强家庭教育工作的指导意见》（下文简称《指导意见》）中明确指出"教育孩子是父母或者其他监护人的法定职责"。但在对156名学生和152名家长的问卷交流中得知，长年留守的学生有118名，占比为75%；阶段性留守的学生有32名，占比为20%。这就导致父母长时间与自己的孩子不在一起，即便想关心孩子的学习、生活情况，也只能通过电话询问，透过孩子的只言片语去揣测孩子的现状；想全面掌握孩子的学习和健康成长就显得捉襟见肘，想指导孩子的学习和健康成长更显得鞭长莫及、力不从心。留守的监护人大多是孩子的爷爷奶奶或姥姥姥爷，能照顾好孩子的生活已经是心力交瘁，更不要说去教育指导孩子的学习了。

（二）思想理念受限，想教育但南辕北辙

《指导意见》中强调“中学生家长要对孩子开展性别教育、媒介素质教育”。在农村，这两个方面却是能力倒挂：一是受狭隘思想理念的束缚，以致是谈性色变，不愿去讲，更没能力去讲清楚；二是媒介使用能力基本定格在用用微信、刷刷抖音，其余的大多是一无所知，更不要说识网用网能力。今年上半年由于受疫情影响，首次开展网络教育，但从日常了解中得知80%的家长从未参与过孩子的网上学习。相反，现在的学生不管是对性的了解还是对网络的应用，都要比想象中的更成熟。面对这种现状，家长如果过多地去询问和指导，只会加剧孩子的逆反心理，导致教育效果南辕北辙。

（三）能力素质受限，想教育但爱莫能助

《指导意见》中指出“要严格遵循孩子成长规律”，“培养孩子积极学业态度，与学校配合减轻孩子过重学业负担，指导孩子学会自主选择”。但在调查了解中发现，45%的家长的学识修养不足以指导孩子的学习。以八年级学生为例，所学内容包含语文、数学、英语、物理、地理、道法、历史、生物、美术、音乐、体育，有25%的家长明确表示没有一科自己是可以辅导孩子的。55 %的家长片面地认为，孩子的学习只是学校和老师的事，与家庭无关。在培养孩子的积极学习态度上，家长们更是毫无认知，对孩子的家庭教育不知从何下手，绝大多数家长只注重孩子的考试分数，一味以考试成绩论成败。

二、关于加强农村家庭教育的几点思考

针对以上问卷调查所反映出的问题，就当前农村家庭教育，本人认为各位家长应当充分认清以下情况。

（一）要充分认清家庭教育的重要意义

《指导意见》中指出：“家庭教育工作开展的如何，关系到孩子的终身发展，关系到千家万户的切身利益，关系到国家和民族的未来。”这就要求我们彻底摒弃以往的错误观念和糟粕思想，切实认清家庭教育的重要意义。

首先，我们要明确什么是家庭教育。家庭教育是指家长（主要指父母）对其子女实施的教育。它主要包括家庭教育的环境、家庭教育的方式

以及家长的为人与处事态度。

其次，要充分认清家庭教育的重要意义。一是要懂得家庭教育环境影响孩子的成长。家庭教育的环境是指孩子在家庭生活中所感受到的对其身心发展造成影响的日常因素。俗话说，“近朱者赤，近墨者黑”。在一定意义上说明了环境对人影响的作用。我们可以很容易地想到，在和谐的家庭氛围中长大的孩子，耳濡目染家庭的和睦氛围，肯定能相互理解、互助互爱、体谅他人、重视合作。相反，在另一类家庭中，家庭成员之间矛盾重重，孩子处在这种环境下，形成冷漠、孤僻、封闭自我的性格的可能性会极大地增加，甚至会形成反社会人格。比如，我校九年级三班的两位男生，只因一件小事，其中一位周姓男生便动手将赵姓男生的一颗大牙打掉，造成赔偿五千元的医药费的后果。究其原因，就是受了后一类家庭成员平时“动辄谩骂乃至于大打出手”的影响。二是家长对孩子的成长起到了榜样的作用。家庭是社会的细胞，是孩子生活的第一环境，孩子的真正启蒙教师是自己的父母。因此，作为家长，事事必须以身作则，做一个正直的人、有责任心的人、言行一致的人、守时惜时的人。那种贪婪、自私、斤斤计较、欺善怕恶、吹牛、违犯法纪、缺乏爱心的举动是最损害形象的，一旦印入孩子心中，不但难以磨灭，而且还会成为今后和父母产生情感障碍的潜在诱因。同时，也是导致孩子形成自卑、自我封闭、自暴自弃等病态心理的原因之一。三是家长对教育的重视程度影响孩子的成长。现在的父母大多忙于挣钱，想为孩子提供一个好的生活学习环境，一定程度上忽略了对孩子的教育。有些父母可能简单地认为让孩子上最好的学校，有最先进的学习工具，就是对教育的投资。其实不然，父母对教育的重视程度不仅仅是一些物质上的简单投入，而更多的包括对孩子心理的关爱和呵护。首先，必须了解孩子的心理，遵循孩子的心理发展规律。其次，在生活中要教育孩子正确认识自己，既不自轻自贱，也不自骄自傲。最后，要教育孩子正确面对失败与挫折，就目前整体来看，65%农村家庭的孩子，缺乏承受失败与挫折的能力，犯了错误，家长说不得，老师更批评不得。孩子一旦受挫就容易走向极端，甚至会产生极其严重的后果。

第三，要摒弃错误的教育方式。一是专制型的教育方式。家长不顾孩子的喜好，“一刀切”地帮孩子决定一切，不尊重孩子的真实想法，这样会使孩子形成胆小怕事或暴躁叛逆的性格。二是溺爱型的教育方式。家长总是最大限度地满足孩子，不管是否合理，一味地忽视实际，突破底线，这会使孩子既霸蛮、自大而又脆弱。三是放任型教育方式。父母只专注和忙于工作，对孩子的关心较少，缺乏情感交流，这会导致孩子动辄情绪化，容易产生妒忌、焦虑，甚至在行动上具有攻击性。上述两个男生动辄大打出手的案例，足以说明这一点。

（二）要不断提升自身学习施教的能力。

《指导意见》中强调：广大家长要全面学习家庭教育知识，不断更新家庭教育观念，不断提高自身素质，努力拓展家庭教育空间，不断创造家庭教育机会。我个人认为，当务之急应该解决农村家庭教育三个能力不够的问题。

（1）解决性别教育能力不够的问题。重点是要彻底摒弃那种谈性色变的错误思想。一是破除对性的神秘感。我们需要系统地讲授男女生殖器官的构造和功能，除能够解开生殖器官的神秘感外，更重要的是，作为家长和教师，要利用生物课堂，给他们提供系统的科学知识。二是进行性道德教育与实践，培养关于性的道德习惯，有益于知行合一的实现。三是教育孩子识别不同形式的性骚扰，明白性骚扰的类别（语言的骚扰、行为的骚扰和情境性骚扰），针对不同形式的性骚扰，要掌握不同的应对方法。

（2）解决媒介素质教育能力不够的问题。跳出那种上网就是不务正业，看手机就是游戏娱乐的狭隘思维，学会利用大众传播媒介的能力，利用媒介提供的资源完成对自我的修缮、对信息的鉴别、对社会的认识和理解，不断强化三种能力：一是信息获取能力，即具有使用媒介技术的基本能力，利用媒介查询、收集、获取信息的能力，以及快速接受媒介产品的能力。二是分析能力，包括在海量的信息中迅速选择有价值的部分并进行关注的选择能力，对媒介所传递的信息进行正确的解读和识别的能力，对媒介所传递的事实是否符合事实、逻辑、因果关系等进行判断的判断能力。三是评价能力，主要是指对信息内容的质疑批判能力。2020 年春季疫情期间，学生们在家参与了网上学习活动，从教师了解和家长反映的整体情况来看，70% 的家长对孩子的学习情况缺乏正确的评价能力。

（3）解决心理教育能力不够的问题。当前，绝大多数家长更多关注的是物质上的保障，但对孩子心理上的需求和关怀基本是空白，面对孩子的一些心理变化，也是信奉“棍棒底下出孝子”式的强硬管理。

作为家长，为更好地走进孩子的心灵世界，有的放矢地做好孩子的心理教育，需要不断提升自身的心理教育水平。

一是要认清心理教育的本质。心理教育是心理素质教育与心理健康教育的简称，它是教育者运用心理科学的方法，对教育对象心理的各层面施加积极的影响，以促进其心理发展与适应、维护其心理健康的教育实践活动。其目标是培育受教育者良好的性格品质、开发受教育者的智力潜能、增强受教育者的心理适应能力、激发受教育者的内在动力、维护受教育者的心理健康，促进受教育者养成良好的行为习惯。

二是要弄清孩子常见的心理行为方式。有关研究表明，青少年在心理发展上存在着如下特点：

（1）情感丰富、强烈，但欠成熟稳定，容易冲动失衡。

（2）兴趣广泛，爱玩好动，广交朋友，但容易受不良社会风气的影响。

（3）意志逐步确立，但还处于不完善、不稳定的状态。

（4）智力发展日趋成熟，但认识事物还缺乏全面性，不够稳定成熟。

三是要改进心理健康教育方法。针对青少年的心理健康教育方法主要有：

（1）真情沟通，温暖感化。要充分关注孩子的情感需求，尽可能抽时间多和孩子接触、玩耍、谈心或交流，关心孩子的思想、身体、学习、交际和生活，多方面进行亲情沟通，让孩子切身体会到父母的关爱，感受到家庭的温暖。

（2）善于肯定，平等交流。要认真尊重孩子的人格，成为孩子的朋友，善于与孩子进行民主平等的交流，认真倾听孩子的说话，珍视孩子的独立意识和独到见解，充分赏识孩子的每一个优点和点滴进步。

（3）刻意磨炼，坚强心智。家长要有意识地让孩子经风雨，见世面，适当经受艰苦生活的磨炼，培养孩子不怕艰苦、勤俭朴素的优良品质，让孩子逐步懂得感恩，懂得责任和担当，自觉经受艰苦，形成坚强的意志和毅力。

（4）宽容体谅，循循善诱。对于孩子在成长过程中不可避免地会出现这样那样的缺点、缺陷、不足，甚至错误，乃至逆反等，家长要冷静应对，要设身处地地与孩子分析出现问题或错误的原因，对症施教，循循善诱，让孩子在纠错的过程中养成抗挫能力。

（5）杜绝打骂，摈弃暴力。在家庭教育中，切忌家长暴怒失态，盲目冲动地打骂责罚孩子，滥施家庭暴力。打骂责罚、家庭暴力往往会给孩子的心灵造成严重创伤，恶化彼此的关系，甚至造成难以挽回的恶劣后果。

（三）勠力同心，携手共筑利于孩子健康成长的环境

为携手共筑有利于孩子健康成长的环境，本人认为需要从以下几点抓起：

一是政府主导。依据《指导意见》要求，各级政府要主动作为、积极作为，切实尽好应尽之责。尽好主导之责。要以“功成不必在我”的胸襟和“功成必定有我”的决心，积极探索适合本地区的家庭教育模式，尽快形成贴合实际的、可行性强的家庭教育体系，并不断地发展创新，尽好服务之责。以教育部门为主体，切实把工作中心回归本心，以强有力的手段破除制约提升教育质量的沉疴积弊。各级政府也要积极统筹协调各方力量，为教育事业保驾护航，尽好督导之责。同时，在家庭教育体系探索建立时期，要大胆尝试，敢于直面问题，建立容错纠错机制，鼓励各方力量积极投身体系建设。体系成果形成后要督导落实，确保各项举措落地生根。

二是学校主责。学校要发挥好自身独特的优势，在常态完成好义务教育的同时，要集中优质力量，重点攻关，积极探索学校教育和家庭教育的深层次内涵，逐步形成多维立体的教育格局；加强人才力量配备和培养；丰富教育内容，活化教育形式，确保学校教育和家庭教育工作部署深远，探索在前。另外，要发挥好桥梁作用。学校、老师一手直接负责学生教育，与孩子接触时间最长，了解更客观；一手负责联通学生家长，沟通频繁。两手都要抓，两手都要硬，切实托起学生和家长相互理解的桥梁。灵活运用各种方法，拓宽社会、学校、家长信息互通互融渠道。发挥好教育作用。“百年大计，教育为本。”学校作为教育的主阵地，要不遗余力抓好青少年的义务教育；完善体制机制，不断激发广大教育者主动探索、大胆尝试的积极性；大力弘扬主旋律，让社会主义核心价值观深入人心，培养青少年健康的人生观；拓展教育内容，携手家庭教育共同培养德、智、体、美全面发展的优秀下一代。

三是家庭主业。家长要尽好终身之责。作为家长必须充分认识清楚，孩子的教育不是一朝一夕的工作，而是长期坚持、久久为功的长远工程。要把握住孩子性格可塑的黄金期，不断提升教育的针对性和时效性，切实为孩子的健康成长夯实基础，为孩子的成长保驾护航。尽好抚养之责。当下，作为农村家长，90％都是上有老人需要赡养，下有小孩需要抚养，面

临最大的困境是生活质量的提升和孩子的教育。我们既不能“圈养”——禁锢孩子，凡事必须唯家长是从，全面否定孩子的选择中你认为的不合适的选择；更不能“散养”——放任孩子：只负责提供生活保障，把对孩子的教育完全抛给学校，扔给老师。家长要在提升孩子生活质量的同时，把越来越多的目光关注到孩子的健康成长，尽好教育之责。对于前文提的三个“能力不够”的问题，家长们要切实客观面对，积极地去提升自己。要勤于学习，不仅要孜孜以求，向专家学，还要不耻下问，向孩子学；要善于学习，学会和孩子交朋友，做孩子的知心朋友，真正了解其内心深处的真实想法。作为家长，一定要学以致用，把所学融入到日常的教育孩子的实践之中，不断提升教育质量，把孩子培养成为对国家、对社会、对家庭有用的人。

总之，农村家庭教育工作，是一项深奥、复杂、长期而又十分艰辛的工作，需要家庭、社会、学校等多方有效地协调和合作，需要投入巨大的精力和持久的毅力才能完成。只要我们发扬团结、协作、互谅和理解的精神，齐心协力，我坚信，广大农村家庭教育工作一定会形成更好的社会效应！

（作者工作单位：枣阳市太平镇第一初级中学）